教育信息化背景下的大学生道德教育研究

张慧杰　陈英文　著

新 华 出 版 社

图书在版编目（CIP）数据

教育信息化背景下的大学生道德教育研究 / 张慧杰，
陈英文著 . -- 北京 : 新华出版社 , 2024. 12.
-- ISBN 978-7-5166-7773-5
I . G641.6
中国国家版本馆 CIP 数据核字第 2024SB8114 号

教育信息化背景下的大学生道德教育研究

著者： 张慧杰　　陈英文

出版发行： 新华出版社有限责任公司

（北京市石景山区京原路 8 号　邮编：100040）

印刷： 河北赛文印刷有限公司

成品尺寸： 170mm×240mm　1/16　　　**印张：** 13.5　　**字数：** 185 千字

版次： 2024 年 12 月第 1 版　　　　　**印次：** 2024 年 12 月第 1 次印刷

书号： ISBN 978-7-5166-7773-5　　　　**定价：** 70.00 元

微店　　视频号小店　　抖店　　京东旗舰店　　请加我的企业微信

微信公众号　　喜马拉雅　　小红书　　淘宝旗舰店　　扫码添加专属客服

序

信息技术的发展日新月异，从硬件到软件，从理念到实践，从生活到学习，方方面面、时时刻刻在影响着我们，教育信息化业已成为推动高等教育改革与创新的重要力量。它不仅改变了知识的传授方式，更深刻地影响着学生的价值观念、道德认知和行为习惯。在这一背景下，大学生的道德教育面临着前所未有的挑战与机遇。如何在这一新兴的教育环境中，有效引导大学生树立正确的道德观念，培养良好的道德品质，成为亟待解决的问题。

《教育信息化背景下的大学生道德教育研究》一书，正是基于这样的时代背景和现实需求而撰写的。本书旨在深入探讨教育信息化对大学生道德教育的影响，分析当前大学生道德教育面临的挑战，并在此基础上提出有效的应对策略和实践路径。

在信息爆炸的时代，道德教育的价值越发凸显。在多元文化、海量信息和复杂网络环境的冲击下，大学生面临的价值观冲突和道德抉择更为复杂。道德教育不仅关乎个人品行的养成，更关乎社会的和谐稳定。网络环境放大了信息传播的广度和速度，使得道德观念的传播和影响更为广泛，同时也加大了对错误信息的抵制和正确价值观传播的紧迫性。

教育信息化带来了教育资源的极大丰富和教学方式的多样化。网络课堂、在线讨论、虚拟实验室等新型教学模式，使得学习不再受时间和空间的限制，极大地提高了教育的普及性和灵活性。然而，这也带来了信息过载、网络沉迷、隐私泄露等一系列问题，对大学生的道德判断和自律能力提出了更高要求。

本书首先回顾了教育信息化的发展历程，梳理了国内外在道德教育领域的理论与实践成果。通过对有关案例的深入剖析，揭示了教育信息化背景下大学生道德教育的现状和不足。在此基础上,本书从教育内容、教育方式、教育环境等多个维度,提出了创新大学生道德教育的思路和策略。

我们强调,教育信息化不应仅仅被视为技术手段的革新,更应成为推动道德教育理念和实践深刻变革的契机。本书倡导构建以学生为中心、注重全面发展、强调实践创新的道德教育体系,旨在培养具有高尚道德情操、强烈社会责任感和创新精神的新时代大学生。

同时,本书也关注到了教育信息化背景下道德教育师资队伍的建设问题。我们认为,只有不断提升教师的信息素养和道德教育能力,才能更好地适应教育信息化的发展需求,为学生提供更加优质、高效的道德教育服务。

本书的作者既是高等教育学科领域的研究者也是高校学生工作的具体践行者,在长期的工作实践中深化了大学生道德教育的体悟。大学生道德教育是在遵循大学生道德形成和发展规律的基础上,通过学校、家庭、社会等多方协同影响,引导大学生参与道德行为实践,潜移默化地提高其在知、情、意、行等方面的素质,实现外化与内化的统一,目的是养成良好的道德行为习惯,并最终形成稳定的道德品质。大学生道德教育与大学生思政教育既相互交叉又有所区别,大学生道德教育主要侧重于品德教育或道德教育,注重培养大学生的道德品质、道德情感和道德行为,大学生思政教育侧重于政治教育和思想教育,包括主流意识形态教育、核心价值观教育、理想信念教育等。两者都是高等教育研究和高校学生工作的重要组成部分,虽各有侧重,但能相互补充,目的都是为了促进大学生的全面发展。

本书既是对当前大学生道德教育现状的深刻反思,也是对未来发展方向的积极探索。我们希望通过本书的出版,能够引起社会各界对大学生道德教育的更多关注和思考,共同推动我国高等教育事业的持续健康发展。也期待能与广大读者进行深入的交流和探讨,共同为提升大学生道德教育水平贡献智慧和力量。

目 录

引　言

随着信息技术的蓬勃发展，信息化时代迅速到来，信息如织，数据流转成河。我们站在这波澜壮阔的潮头，感受着数字技术带来的深刻变革。从生活到工作，从学习到娱乐，信息化的步伐铿锵有力，它以无形的线条勾勒出现代社会的轮廓，将世界紧密相连。智能设备成为我们手中的利剑，云计算如同天际的巨舰，大数据则是洞察世界的慧眼。信息化不仅提高了效率，更丰富了人类的生活体验。在信息化的浪潮中，我们既是创造者，也是参与者，共同书写着这个时代的华章。浪潮正深刻改变着我们的工作、学习和生活方式。

在信息化浪潮席卷全球的今天，教育领域正经历着前所未有的深刻变革。大学生作为国家的未来与希望，其道德素质的培养直接关系到国家的发展方向与社会的和谐稳定。因此，在信息化背景下深入探讨大学生道德教育的新路径、新方法，不仅具有理论上的重要意义，更是时代赋予我们的紧迫使命。

本研究旨在全面分析信息化时代的特点及其对大学生思想道德与行为方式的深远影响，进而探讨如何有效利用信息技术的优势，创新道德教育的内容、形式与手段。我们关注于互联网、大数据、人工智能等现代信息技术如何为道德教育提供新的平台、资源和工具，同时也警惕其可能带来的挑战与风险，如信息过载、网络舆论的复杂性等。

本研究力求构建一套适应信息化时代要求的大学生道德教育体系，旨在培养具有坚定理想信念、良好道德品质、创新思维能力和社会责任感的新时代青年。我们相信，只有紧跟时代步伐，不断探索与创新，才能为大学生的全面发展和社会的持续进步提供坚实的思想保障。

第一节 研究背景与意义

一、信息化时代对教育产生了革命性影响

信息化时代是指通过信息技术的应用，使信息的获取、处理、传输和应用成为社会经济发展的重要推动力的一个时期。在这个时代，信息资源成为最重要的资源之一，而信息技术则成为改变人们生活和工作方式的关键因素。

信息化时代的技术基础主要是计算机技术、通信技术和网络技术的飞速发展。个人电脑、智能手机、互联网、大数据、云计算、物联网、人工智能等技术的应用，使得信息的生成、存储、处理和传播变得异常迅速和便捷。

信息化推动了全球经济的转型，传统的农业社会和工业社会逐步向信息社会过渡。数字经济、共享经济、平台经济等新模式的出现，改变了传统的产业结构和商业模式，创造了新的经济增长点。信息化深刻影响了社会生活的各个方面。教育、医疗、交通、金融等行业都实现了信息化管理和服务，提高了效率和质量。同时，社交媒体、在线教育、电子商务等新型服务模式的出现，极大地丰富了人们的生活内容。信息化时代也带来了文化的多元化和全球化。网络文化、数字艺术、电子竞技等新兴文化形态的出现，为传统文化注入了新的活力。同时，文化交流的壁垒被打破，不同文化之间的交流和融合变得更加频繁。信息化时代促进了教育方式的革命。在线教育、远程学习、虚拟现实教学等新型教育模式的出现，打破了时间和空间的限制，使得知识传播更加广泛和平等。

信息化时代对教育的影响是深远而全面的，它不仅改变了教育的形态和传递方式，还为教育的发展提供了新的思路和方向。综合起来看，大概在如下方面产生了重要影响。

(一) 教育资源的数字化和共享

在信息化时代的浪潮下，教育资源的数字化进程以前所未有的速度推进，它们被精心编码成电子文档、在线课程、虚拟实验室等形式，存储在云端服务器中，

实现了即需即取的高效利用。互联网的普及，如同一条无形的纽带，将世界各地的优质教育资源紧密相连，打破了传统教育模式下地域、时间的重重壁垒。学生无论身处繁华都市还是偏远乡村，都能通过网络平台，轻松接触到顶尖学府的名师讲座、国际前沿的科研动态，以及丰富多样的学习素材。这种跨越式的发展，不仅极大地缓解了教育资源分配不均的难题，更为实现教育公平这一崇高目标铺就了坚实的基石，让知识的光芒普照每一个角落，照亮了无数求知若渴的心灵。

（二）教学方式的创新

信息化技术的迅猛发展，深刻推动了教学方式的多元化变革。传统的面对面课堂教学模式与现代在线教育深度融合，构建起一个无界限、多维度的学习生态系统。学生们不再局限于固定的教室和课时，而是拥有了前所未有的学习自由度。MOOCs（大规模开放在线课程）以其丰富的课程资源和开放的参与形式，让全球学习者能够共享知识盛宴；微课则以短小精悍的特点，精准聚焦学习难点，实现知识点的快速吸收；翻转课堂则颠覆了传统的教学流程，鼓励学生课前预习、课堂探讨，极大地提升了学习的主动性和互动性。这些新型教学模式的涌现，不仅让学习变得更加高效便捷，还激发了学生的学习兴趣，使求知之路更加充满乐趣与探索。

（三）个性化学习的发展

信息技术的深度融入，正引领教育步入一个高度个性化的新纪元。智能教学系统，依托于大数据分析与人工智能算法，能够精准捕捉每位学生的学习习惯、兴趣偏好及能力水平，从而量身打造出个性化的学习路径与计划。这些计划不仅覆盖了课程内容的难易梯度，还融入了适合学生个性特点的学习方法与策略，确保了学习过程的针对性与有效性。在这种个性化学习模式的滋养下，学生得以在最适合自己的节奏中探索知识，有效规避了"一刀切"教学的弊端，极大地促进了学习动力的激发与潜能的挖掘，最终实现了学习成效的显著提升与全面发展。

网络教育打破了时间和空间的限制，学生可以在任何时间、任何地点进行学习[①]。这为终身学习提供了便利条件，满足了社会成员对于灵活学习的需求。

（四）学习评价的多元化

信息化时代的浪潮中，学习评价领域正经历着深刻的变革，逐步摒弃了单一依赖考试成绩的传统模式，迈向了一个多元化、综合化的新时代。在线测试平台的兴起，为学生提供了即时检验学习成果的机会，同时也让教师能够灵活设计测试内容，更全面地考查学生的知识掌握与应用能力。即时反馈系统的应用，更是让学习过程中的每一个努力与进步都能得到即时的认可与指导，促进了学习动力的持续增强。此外，学习分析技术的引入，通过对学习数据的深度挖掘与分析，为教师提供了学生学习状态的全面视图，使得评价更加客观、精准，有助于教师精准施教，进一步推动学生个性化发展的实现。

（五）教师角色的转变

教师的角色定位发生了根本性的转变，他们不再仅仅是知识的灌输者，而是成为学生学习旅程中的引导者与促进者。这一转变要求教师不仅具备深厚的学科专业知识，还需熟练掌握信息技术，成为数字时代的弄潮儿。他们利用互联网这一浩瀚的知识海洋，搜集、筛选并整合各类优质教育资源，设计出既符合学生认知规律又充满创意的教学方案。在教学过程中，教师巧妙地运用各种网络工具和平台，如在线协作工具、虚拟实验室等，为学生搭建起探索知识的桥梁，激发学生的好奇心与求知欲，培养他们的创新思维与实践能力，让学习成为一种主动探索、乐于创造的愉悦体验。

（六）教育管理的信息化

随着信息技术的深入渗透，学校和教育机构的管理体系也全面迈入了信息化时代。教务管理系统、学籍管理系统等数字化平台的广泛应用，不仅极大简化了烦琐的行政流程，还实现了教育资源的优化配置与高效利用，显著提升了教育管

---

① 王莹.基于主题式教学法的初级汉语综合课《那儿的生活方便吗》线上教学设计 [D].安阳:安阳师范学院，2022：16.

理的效率与透明度。通过这些系统，教育管理者能够实时掌握教学进度、学生表现、师资配置等关键信息，为精准施策提供了坚实的数据支撑。更进一步，大数据分析技术的引入，让教育管理者能够深入挖掘数据背后的价值，揭示教育现象背后的深层规律与趋势，为教育政策的制定、教育资源的调配以及教育质量的提升提供了科学依据，推动了教育管理的现代化与科学化进程。

信息化虽然提供了教育资源的广泛共享，但同时也带来了数字鸿沟的问题。不同地区、不同社会经济背景的学生在信息技术的获取和应用上存在差异，这对教育公平提出了新的挑战。然而，信息化也为解决这一问题提供了可能，如通过政府和社会的努力，改善基础设施，提供平等的网络教育机会。

信息化时代为未来教育的发展提供了无限可能。人工智能、虚拟现实、增强现实等技术的进一步发展，将使得教育体验更加丰富和互动。同时，教育的本质也将更加注重培养学生的创新能力、批判性思维和终身学习能力。

总之，信息化时代为教育带来了革命性的变革。这些变革不仅提高了教育的效率和质量，也为教育公平和个性化学习提供了新的路径。面对信息化带来的挑战，教育界需要不断探索和创新，以适应这一新时代的要求。

二、新时代凸显了大学生道德教育的重要性

在当今快速变化的社会环境中，大学生道德教育作为高等教育不可或缺的重要组成部分，其重要性日益凸显。它不仅关乎学生个人的全面发展与成长，更直接影响到国家的未来、民族的复兴以及社会的和谐稳定。以下从多个维度深入论述大学生道德教育的重要性。

（一）塑造正确的世界观、人生观和价值观

在人生的长河中，大学阶段无疑是世界观、人生观、价值观形成与巩固的黄金时期。这一时期，大学生如同初升的太阳，满怀激情与梦想，他们的心灵如同一块待琢的璞玉，正等待着智慧的雕琢与引导。这一阶段所形成的思想观念与价值取向，如同航海中的罗盘，将深远地影响学生一生的道路选择、决策制定乃至

人生轨迹的走向。

道德教育，作为高等教育的灵魂与核心，承担着塑造青年一代精神世界的重任。它不仅仅是一系列理论的堆砌，更是一场心灵的洗礼与灵魂的唤醒。通过精心设计的理论教育体系，道德教育以马克思主义为指导，融合哲学、历史、政治、经济等多学科知识，为学生构建起一个全面、深刻认识世界与社会的理论框架。这些理论如同一盏明灯，照亮了学生探索真理的道路，帮助他们学会用辩证唯物主义和历史唯物主义的观点去分析问题、解决问题。

实践锻炼是道德教育不可或缺的环节。通过组织学生参与社会实践、志愿服务、专业实习等活动，让学生在实践中感知社会、了解国情、体验民生[①]。这些实践活动如同一座座桥梁，连接着理论与实践，让学生在亲身经历中深化对书本知识的理解，增强对社会的责任感和使命感。同时，实践中的挫折与磨砺也是学生成长的宝贵财富，它们促使学生不断反思、自我完善，逐步形成坚韧不拔、勇于担当的优秀品质。

文化熏陶则是道德教育潜移默化的力量源泉。大学校园作为文化传承与创新的重要阵地，其浓厚的文化氛围和独特的大学精神对学生具有深远的影响。通过举办学术讲座、文化节、艺术展等活动，让学生在欣赏美、创造美的过程中接受优秀文化的熏陶，提升人文素养和审美情趣。这些文化活动如同一股清泉，滋润着学生的心田，让他们的精神世界更加丰富多彩、充满正能量。

道德教育在塑造大学生正确的世界观、人生观、价值观方面发挥着不可替代的作用[②]。它通过系统的理论教育、丰富的实践锻炼和深厚的文化熏陶，引导学生正确认识世界、理解社会、看待人生，帮助他们树立起崇高的理想信念和正确的价值取向。这不仅能够促进学生个人的健康成长和全面发展，还能够为他们未来的职业生涯和社会生活奠定坚实的思想基础，成为他们人生道路上最坚实的精神

---

① 胡元华，李欢欢. 新高考视域下高中思政课"一体两翼三化四融合"教学模式研究 [J]. 高考，2024（3）：10.

② 袁博. 网络环境下高校辅导员的工作方法探讨 [J]. 亚太教育，2016（8）：225.

支柱和最明亮的指路明灯。

（二）培养高度的社会责任感和历史使命感

在浩瀚的历史长河中，每一代青年都承载着推动社会进步、引领时代发展的神圣使命。作为新时代的青年代表，大学生不仅是国家的未来栋梁，更是民族复兴的希望之光。他们肩上扛着的，是实现中华民族伟大复兴这一历史使命的千钧重担，这份责任与使命，既是荣誉也是挑战，激励着每一位青年学子不断前行。

道德教育，作为塑造青年灵魂的重要手段，深刻意识到培养大学生高度社会责任感和历史使命感的重要性。它不仅仅局限于课堂之上的理论讲授，更是一场跨越时空的心灵对话，一次对国家历史、民族精神的深刻探寻。通过生动讲述中华民族从苦难走向辉煌的壮丽史诗，让学生深刻理解到国家独立、民族解放、人民幸福的来之不易，从而激发他们的爱国之情、强国之志。

同时，道德教育紧跟时代步伐，深入分析国际形势的复杂多变，引导学生正确看待全球化背景下的机遇与挑战。在对比中，学生更加清晰地认识到我国在国际舞台上的地位与作用，以及作为青年一代所应承担的国际责任。这种全球视野的拓展，不仅增强了学生的民族自豪感，也激发了他们为维护世界和平、促进共同发展贡献力量的决心。

在此基础上，道德教育还鼓励学生积极参与社会实践，将理论知识转化为实际行动。无论是投身乡村振兴、支教支农的广阔天地，还是在科技创新、文化传承的前沿阵地，都能看到大学生们忙碌而坚定的身影。他们用自己的青春和汗水，诠释着对社会责任的担当和对历史使命的坚守。

这种高度的社会责任感和历史使命感，如同一股强大的精神动力，激励着大学生们不断超越自我、追求卓越。他们努力学习专业知识，提升综合素质；他们勇于创新探索，追求科技进步；他们积极投身社会实践，服务人民群众。在这个过程中，他们不仅实现了个人价值的升华，更为实现中华民族伟大复兴的中国梦贡献了自己的青春力量。

（三）提升道德素养和文明素质

在多元化价值观交织的当今社会，道德素养与文明素质不仅是衡量个体综合素质不可或缺的标尺，更是社会文明进步的重要基石。大学生道德教育，作为塑造青年精神风貌的关键环节，深刻认识到提升学生道德素养与文明素质的重要性与紧迫性，致力于通过多维度、深层次的教育引导，为学生成长成才奠定坚实的道德基础。

首先，道德教育作为核心，旨在培养学生的内在品德与高尚情操。大学道德教育课堂，不仅是知识的传授地，更是道德的锤炼场。通过深入挖掘中华优秀传统文化的道德精髓，如仁爱、诚信、礼义廉耻等，结合现代社会道德要求，引导学生树立正确的道德观念，培养他们的同情心、责任感与正义感。同时，通过榜样示范、案例分析等生动形式，让学生在具体情境中感受道德的力量，激发他们的道德自觉与道德实践。

其次，法制教育不可或缺，它是提升学生法律意识、维护社会公平正义的重要途径。大学生道德教育中，法制教育占据重要位置。通过系统的法制课程、模拟法庭、法律知识竞赛等活动，学生不仅能够掌握基本的法律常识，更能在实践中学会运用法律武器保护自身权益，维护社会正义。这种法制观念的培养，不仅有助于学生在未来职业生涯中遵守法律、规范行为，更能在社会生活中成为遵纪守法的模范公民。

最后，文明礼仪教育作为文明素质的外在表现，同样受到高度重视。大学生道德教育注重培养学生的文明行为习惯，从日常言行举止到公共场合的表现，都力求做到得体、优雅、有教养。通过开设礼仪课程、举办礼仪讲座、组织礼仪实践活动等方式，学生能够在实践中学习并践行文明礼仪规范，提升自身的文明素养和社会形象。这种文明素质的提升，不仅能够促进校园和谐氛围的营造，更能在更广泛的社会领域传播正能量、引领文明风尚。

大学生道德教育在提升学生道德素养与文明素质方面发挥着不可替代的作用。通过道德教育、法治教育和文明礼仪教育的有机结合与深入实施，学生的个人品质与社会形象得到了显著提升；同时，这种提升也促进了校园和谐氛围的营造和社会文明进步的步伐。在这个过程中，大学生们不仅成为道德高尚的楷模和文明行为的践行者，更为建设更加美好的社会贡献了自己的青春力量。

（四）促进身心健康和全面发展

在高等教育的广阔舞台上，大学生的身心健康是其全面发展不可或缺的基石。身心健康不仅关乎学生个人的生活质量与幸福感，更是他们追求卓越、实现梦想的坚实保障。因此，道德教育在关注学生知识技能提升的同时，更将目光投向了他们的内心世界与身体状态，致力于构建一个全方位、多层次的成长支持体系。

在心理健康方面，道德教育展现出了前所未有的关注与重视。面对学业压力、人际关系、职业规划等多重挑战，学生们往往容易陷入心理困惑与焦虑之中。为此，道德教育积极引入心理健康教育课程，通过专业的心理知识与技巧传授，帮助学生认识自我、理解情绪、管理压力。同时，心理咨询与辅导服务作为重要的补充，为学生提供了一个安全、私密的空间，让他们在面对心理困扰时能够得到及时的帮助与指导。这些举措有效地缓解了学生的心理压力，增强了他们的心理韧性，使他们能够以更加积极、乐观的心态面对生活中的挑战与困难。

在身体健康方面，道德教育同样发挥着不可替代的作用。通过举办健康讲座、推广体育运动、组织健康体检等活动，道德教育引导学生关注自身健康状况，养成良好的生活习惯与锻炼习惯。这些活动不仅提升了学生的身体素质与免疫力，还培养了他们的团队合作精神与竞争意识，为他们的全面发展奠定了坚实的基础。

此外，道德教育还注重培养学生的创新精神与实践能力。通过鼓励学生参与科研活动、社会实践和志愿服务等多元化实践平台，学生得以将所学知识应用于实际情境中，锻炼解决问题的能力与创造力。这些实践活动不仅丰富了学生的课余生活，还拓宽了他们的视野与思路，使他们能够更加全面地认识社会、了解国情、关注民生。在参与实践的过程中，学生逐渐形成了独立思考、勇于探索的精神品质，为他们的未来发展注入了强大的动力。

道德教育在促进大学生身心健康与全面发展方面发挥着至关重要的作用[①]。它像一座坚固的桥梁，连接着学生的内心世界与外在世界；像一盏明亮的灯塔，指引着学生前行的方向与道路。在未来的日子里，我们将继续深化道德教育改革与创新实践，为培养更多德、智、体、美、劳全面发展的社会主义建设者和接班人贡献力量。

（五）应对复杂多变的国际形势和挑战

在全球化浪潮的汹涌澎湃下，国际形势的复杂多变如同一幅错综复杂的画卷，展现在每一位青年学子的面前。大学生，作为国家的未来栋梁与希望之光，正站在历史的交汇点上，既拥有前所未有的广阔舞台和无限机遇，也面临着前所未有的严峻挑战与不确定性。为了使学生能够在这样的时代背景下稳步前行，道德教育承担着尤为重要的使命——即通过深化国际视野教育、强化国家安全意识教育等措施，为学生构筑起坚实的思想防线与行动指南。

首先，加强国际视野教育是应对全球化挑战的关键一环。道德教育应紧跟时代步伐，引入国际政治、经济、文化等多领域的最新动态与前沿议题，引导学生以开放包容的心态去认识和理解不同国家、不同文明之间的差异与共性。通过案例分析、模拟谈判、国际交流等形式多样的教学活动，让学生在实践中感受全球化的脉动，培养他们的全球思维能力和跨文化交流能力。这样的教育不仅有助于拓宽学生的国际视野，更能在潜移默化中提升他们的国际竞争力和适应能力，为未来的国际交流与合作奠定坚实基础。

其次，增强国家安全意识教育是保障国家利益与安全的必然要求。在全球化背景下，国家安全面临着来自多方面的威胁与挑战。道德教育应紧密结合国家安全形势的变化，深入开展国家安全观教育、国防教育、网络安全教育等内容，帮助学生树立正确的国家安全观念，增强他们的国家安全意识和防范能力。通过组织专题讲座、观看纪录片、参与国防实践活动等方式，让学生深入了解国家安全

[①] 王一宇. 应用型本科院校大学生科研创新精神培养途径探析 [J]. 山东农业工程学院学报，2017（3）：175.

的重要性和紧迫性，激发他们的爱国情感和报国热情。这样的教育不仅能够增强学生的责任感和使命感，还能为维护国家安全和利益贡献青春力量。

总之，面对复杂多变的国际形势和挑战，道德教育应不断创新教育理念和方法，加强国际视野教育和国家安全意识教育等内容的融入与渗透。通过这些努力，我们可以帮助学生更好地认识和应对国际形势的变化和挑战，提升他们的国际竞争力和适应能力；同时，也能为维护国家安全和利益培养更多具有全球视野和爱国情怀的高素质人才。

（六）推动高校育人工作的创新与发展

在当今这个日新月异的时代，大学生道德教育不仅是高校育人体系的灵魂与核心，更是推动高等教育改革与创新的关键力量。面对全球化、信息化、多元化的挑战与机遇，高校必须紧跟时代步伐，不断创新道德教育的内容、方法和手段，以适应社会发展的新要求和青年学生成长的新特点，从而引领高校育人工作的深度变革与蓬勃发展。

首先，在内容创新上，大学生道德教育应紧密围绕国家发展战略、社会热点问题和青年学生关切，不断丰富和完善教育内容。通过引入时事政治、国际视野、文化多样性等前沿议题，使道德教育更加贴近实际、贴近生活、贴近学生，激发他们的学习兴趣与热情。同时，加强对学生理想信念、道德情操、法治观念、社会责任感等方面的教育引导，帮助他们树立正确的世界观、人生观和价值观，为成为德、智、体、美、劳全面发展的社会主义建设者和接班人奠定坚实基础[①]。

其次，在方法创新上，高校应积极探索和实践多样化的教学模式与手段。充分利用现代信息技术和多媒体教学资源，如网络课程、在线互动、虚拟现实等，打破传统课堂教学的时空限制，提高教育教学的针对性和实效性。同时，注重发挥学生的主体作用和个性特长，通过小组讨论、案例分析、角色扮演等互动式教学方式，激发学生的学习兴趣和创造力，培养他们的批判性思维和解决问题的能

---

① 蔡兵，刘勇.学习邓小平理论培养21世纪新型人才[J].西南民族学院学报（哲学社会科学版），2001（12）：17.

力。[①] 此外，还应加强实践教学环节，通过组织社会调查、志愿服务、专业实习等活动，让学生在实践中感受社会、了解国情、增长才干。

再次，在手段创新上，高校应加强与社会各界的联系与合作，推动道德教育与其他领域的深度融合和协同发展。通过校企合作、校地合作、校际合作等多种方式，引入社会优质资源和力量参与育人工作，拓宽学生的视野和平台。同时，加强与家庭、社区等社会单元的联动，形成家校共育、社区共管的良好格局，为学生的全面发展提供更加全面、立体的支持与保障。

最后，道德教育还应积极促进高校内部的改革与创新。通过优化课程设置、完善评价体系、加强师资队伍建设等措施，不断提升育人工作的质量和水平。同时，鼓励教师进行教学科研创新，探索新的教育理念和方法，为道德教育注入新的活力和动力。通过这些努力，高校将能够培养出更多具有创新精神和实践能力的高素质人才，为国家的繁荣富强和民族的伟大复兴贡献力量。

综上所述，大学生道德教育在促进学生个人全面发展、培养高度社会责任感和历史使命感、提升道德素养和文明素质、促进身心健康和全面发展、应对复杂多变的国际形势和挑战以及推动高校育人工作的创新与发展等方面发挥着重要作用。因此，我们应该高度重视大学生道德教育工作，不断创新教育理念和方法，努力培养更多德、智、体、美、劳全面发展的社会主义建设者和接班人。

三、信息化为大学生道德教育带来的影响与挑战

（一）信息化对大学生道德教育的深远影响

在信息化时代，大学生道德教育迎来了前所未有的变革与发展机遇。

首先，信息化如同一股强劲的东风，极大地吹拂并丰富了道德教育的资源库。互联网，这个信息的无垠海洋，以前所未有的速度和广度汇聚了全球范围内的知识、思想与观点，为道德教育提供了一座取之不尽，用之不竭的宝库。这些资源不仅数量庞大，而且种类繁多、更新迅速，涵盖了政治、经济、文化、科技等多

---

① 黄霞.基于 OBE 理念的"一体三维三翼"课堂教学模式改革与实践——以工商管理专业为例 [J].老字号品牌营销，2024（6）：209.

个领域，为道德教育提供了丰富多元的教育素材。通过这些素材，教育内容得以超越传统教材的局限，摆脱课堂讲授的束缚，以更加生动、具体、鲜活的方式展现给学生。无论是社会热点事件的深入剖析，还是历史变迁的宏大叙事，抑或是理论发展的前沿探索，都能在互联网上找到相应的资源支持，使得道德教育能够紧跟时代步伐，紧贴学生生活实际，增强教育的时代感和现实感。这种资源的丰富性不仅为学生提供了广阔的学习空间，也极大地拓宽了他们的知识视野。学生们可以通过互联网轻松获取到来自世界各地的信息，了解不同文化背景下的思想观念和价值观念，从而培养出更加开放、包容、多元的思维方式和视野格局。同时，这种资源的丰富性还增强了道德教育的吸引力和感染力。通过运用互联网上的生动案例、精彩视频、互动游戏等多媒体教育资源，道德教育得以以更加直观、形象、有趣的方式呈现给学生，激发他们的学习兴趣和热情[1]，提高教育效果和质量。此外，信息化还促进了道德教育资源的共享与交流。在互联网的平台上，不同高校、不同地区的道德教育资源可以实现互联互通、共建共享。这种资源的共享与交流不仅有助于优化教育资源配置，提高资源利用效率，还能够促进道德教育的创新与发展。通过借鉴其他高校或地区的优秀教育经验和做法，结合本校或本地区的实际情况进行改进和完善，可以形成具有自身特色的道德教育模式和体系，推动道德教育向更高水平发展。

其次，信息化改变了道德教育的传播方式。在传统的道德教育体系中，教学往往遵循着一种单向灌输的模式，教师作为知识的传递者，站在讲台前，通过讲授的方式将既定的教育内容灌输给学生，而学生则大多处于被动接受的状态，其学习主动性和创造性难以得到充分激发。这种模式在一定程度上限制了道德教育的深度和广度，使得教育效果往往依赖于教师的个人魅力和教学技巧，难以适应信息化时代对学生全面发展的需求。然而，随着信息化技术的飞速发展，特别是网络直播、在线课程、社交媒体等新型教育平台的兴起，道德教育迎来了前所未

---

[1] 崔映斌等. 新媒体时代高校辅导员党建工作现状及对策研究 [J]. 新闻研究导刊，2024（4）：211.

有的变革。这些信息化手段以其独特的优势，彻底颠覆了传统的单向灌输模式，为道德教育注入了新的活力与可能。网络直播以其即时性、互动性和直观性，使得道德教育能够跨越时空限制，将课堂延伸至更广阔的空间。学生只需轻点鼠标或滑动屏幕，便能身临其境地参与到由知名学者、专家或优秀教师主讲的直播课程中，感受知识的魅力与思想的碰撞。同时，直播过程中的弹幕评论、在线问答等功能，为学生提供了即时反馈和交流的渠道，使他们能够随时表达自己的疑惑、见解或感受，与教师和其他同学形成双向或多向的沟通模式。这种沟通模式的建立，不仅增强了学生的学习参与感和归属感，也促进了教育者与被教育者之间的情感交流与心灵共鸣。在线课程则以其灵活性和自主性，满足了学生个性化学习的需求。学生可以根据自己的时间安排和学习进度，随时随地访问在线课程平台，选择自己感兴趣的课程进行学习。在线课程不仅提供了丰富多样的教学资源和学习工具，还通过测验、作业、讨论区等环节，引导学生深入思考、积极探索，培养他们的自主学习能力和批判性思维能力。此外，在线课程还鼓励学生之间进行合作学习，通过组建学习小组、参与项目实践等方式，培养他们的团队协作精神和创新能力。社交媒体作为信息化时代的重要产物，也为道德教育提供了新的阵地和渠道。通过微博、微信、抖音等社交媒体平台，学生可以轻松获取到来自四面八方的信息，了解社会热点、关注国家大事、参与公共讨论。同时，这些平台也为道德教育提供了与学生进行互动交流的机会。教师可以通过建立官方账号、发布教育信息、组织话题讨论等方式，引导学生关注道德教育内容，激发他们的学习兴趣和热情。而学生则可以通过点赞、评论、转发等方式，表达自己的观点和态度，与教师和其他同学进行深入的交流与探讨。这种基于社交媒体的互动交流模式[1]，不仅有助于增强学生的社会责任感和公民意识，也有助于培养他们的信息素养和媒介素养。

最后，信息化促进了道德教育与其他学科的融合。在深入探讨信息化对道德

---

[1] 崔映斌等.新媒体时代高校辅导员党建工作现状及对策研究 [J].新闻研究导刊，2024（4）：209.

教育的深远影响时，我们不得不提及它如何有力地推动了该领域与其他学科的广泛融合。这一趋势在信息化背景下尤为显著，它打破了传统学科间的壁垒，使得知识的流动与碰撞成为常态，为教育创新开辟了新路径。随着信息技术的飞速发展，数据共享、云计算、人工智能等技术的广泛应用，各学科之间的界限不再像过去那样泾渭分明，而是呈现出日益模糊、相互渗透的态势。这种交叉融合不仅体现在学术研究上，更深刻地影响了教育实践。道德教育，作为培养学生正确世界观、人生观、价值观的重要阵地，也在这场融合浪潮中找到了新的生长点。信息化为道德教育提供了强大的技术支持和丰富的资源平台，使其能够跨越学科界限，与心理学、社会学、法学等多学科进行深度融合。这种融合不仅仅是内容上的相互借鉴和补充，更是方法论上的革新与突破。例如，心理学的研究方法和工具可以被引入道德教育，帮助教师更好地了解学生的心理需求，提升教育的针对性和亲和力；社会学的视角则有助于道德教育更加贴近社会现实，引导学生关注社会问题，培养他们的社会责任感和公民意识；而法学的严谨性和规范性，则可以为道德教育提供法律基础，增强学生的法治观念和规则意识。通过跨学科融合，道德教育不仅丰富了自身的内涵和外延，还增强了教育的针对性和实效性。它不再局限于单一的政治理论讲授，而是将理论与实践相结合，将知识传授与价值引领相融合，构建了一个多维度、全方位的教育体系。这种教育体系更加关注学生的全面发展，注重培养学生的综合素质和创新能力，使他们能够在复杂多变的社会环境中保持清醒的头脑、坚定的信念和积极的行动。此外，跨学科融合还有助于形成教育合力，提升整体教育效果。不同学科之间的教师可以加强交流与合作，共同研究教育问题，探索教育规律，形成优势互补、资源共享的良好局面。这种合作不仅有助于提升教师的教学水平和科研能力，也有助于激发学生的学习兴趣和创造力，促进他们的全面发展。

（二）信息化对大学生道德教育带来的挑战

然而，信息化在带来机遇的同时，也给大学生道德教育带来了诸多挑战。

首先，信息爆炸带来的信息过载问题不容忽视。互联网上的信息纷繁复杂、真假难辨，学生容易在海量信息中迷失方向，甚至受到不良信息的误导和侵害。这要求道德教育者必须具备较高的信息素养和鉴别能力，引导学生正确筛选和利用信息，避免被错误信息所误导。

其次，学生价值观的多元化和碎片化趋势对道德教育构成了挑战。在信息化时代，学生接触到的文化思潮和价值观更加多元和复杂，他们的价值观不再像过去那样单一和稳定，而是呈现出多元化和碎片化的特点。这种变化使得道德教育更加难以把握学生的思想动态和价值观取向，增加了教育的难度和复杂性。因此，道德教育者需要更加关注学生的个体差异和多样性需求，采取有针对性的教育措施来引导学生树立正确的价值观。

再次，信息化对道德教育的权威性和有效性提出了质疑。在信息化背景下，学生获取知识的渠道更加广泛和便捷，他们不再仅仅依赖教师的课堂讲授来获取知识和信息。这种变化使得教师在教学中的权威地位受到挑战，道德教育的有效性也面临考验。为了应对这一挑战，道德教育者需要不断提升自己的专业素养和教学能力，以更加开放、包容、创新的态度来面对学生的多样化需求，增强教学的吸引力和感染力。

最后，网络安全和隐私保护问题也是信息化时代道德教育需要面对的重要挑战。在利用信息化手段进行道德教育的过程中，如何保障学生的个人信息和隐私安全是一个不容忽视的问题。高校需要建立健全的网络安全保护机制和管理制度，加强网络安全教育和管理工作，确保学生在使用网络平台进行学习和交流时的信息安全和隐私保护。

综上所述，信息化对大学生道德教育产生了深远的影响和挑战。高校和道德教育者需要积极应对这些挑战和问题，充分利用信息化的优势来创新教育方式、提升教育效果；同时也需要关注学生的个体差异和多样性需求以及网络安全和隐私保护等问题，确保道德教育的健康、稳定和可持续发展。

第二节　研究目的与问题提出

大学生道德教育与大学生思想政治教育的内涵既有相同之处，也有很多区别，主要体现在以下几个方面：

一是理论基础相同。两者都以马克思主义理论为根本理论基础，包括马克思主义哲学、马克思主义政治经济学和科学社会主义。中国特色社会主义理论体系和社会主义核心价值体系为两者提供了最现实、最具体的理论指导。广义上，两者都涵盖思想教育、政治教育、道德教育等多个方面。它们都是为了解决人的思想认识问题，促进人的全面发展，维护社会稳定，推动社会进步。

二是教育目标一致。两者都旨在培养具有高尚道德品质、正确政治观念、良好思想素质的大学生，为社会主义事业培养合格建设者和可靠接班人。在实际教育过程中，两者往往采用相似的教育途径，如理论教育、日常教育、组织教育和舆论引导等。特别是在高校中，两者常常相互融合，共同作用于学生的成长过程。

三是狭义概念有所不同。大学生思想政治教育是指社会或社会群体用一定的思想观念、政治观念、道德规范对大学生施加有目的、有计划、有组织的影响，使他们形成符合一定社会要求的思想品德的社会实践活动。[①] 而道德教育则更侧重于通过教育手段促进大学生道德品质的形成和发展。

四是教育内容侧重点不同。大学生思想政治教育在内容上更侧重于政治教育和思想教育，强调引导学生树立正确的世界观、人生观和价值观，坚定中国特色社会主义信仰。而道德教育则更侧重于品德教育或道德教育本身，强调培养学生的道德品质和社会责任感。

---

① 黄振宣.试论高职思政教育与就业教育的结合途径 [J]. 职教论坛，2010（9）：82.

一、研究目的

教育信息化已然成为当今教育的常态，任何的教育形态都离不开信息化，在这种背景下做好大学生的道德教育研究十分有必要。本研究主要基于如下几个方面的考虑：

（一）适应时代发展需求，提升道德教育实效性

1. 应对信息化挑战

随着信息技术的飞速发展，教育领域正经历着前所未有的变革，教育信息化已成为不可逆转的趋势。这一趋势不仅改变了传统的教学方式和手段，更为道德教育带来了新的机遇和挑战。大学生作为信息时代的原住民，他们的成长环境、学习方式以及社交模式都深深地烙印着网络和信息技术的痕迹。因此，他们的道德观念和行为方式也在这一过程中受到了深远的影响。

在这样的背景下，研究教育信息化背景下的大学生道德教育显得尤为重要。这一研究旨在深入探讨信息化环境如何影响大学生的道德认知、道德情感和道德行为，以及如何通过信息化的手段和方法来优化和提升道德教育的效果。同时，研究还将关注如何在复杂多变的信息环境中，引导大学生树立正确的道德观念，培养他们的道德判断力和道德实践能力，使他们能够成为具有高尚品德、强烈社会责任感和良好行为习惯的高素质人才。

总之，研究教育信息化背景下的大学生道德教育，不仅是为了应对信息化带来的挑战，更是为了提升道德教育的针对性和实效性，为培养适应信息时代需求的高素质人才提供有力的支撑和保障。

2. 增强道德教育实效性

教育信息化的发展为道德教育开辟了全新的视野，提供了前所未有的丰富资源和多样手段。这些资源不仅包括传统的文本、图像、音频和视频资料，还涵盖了各种交互式学习工具、在线课程、虚拟实境体验以及大数据分析等先进技术手段。通过这些资源和手段的应用，道德教育不再局限于传统的课堂讲授，而是可以更加生动、形象地展现在学生面前，使他们在沉浸式的学习体验中深化对道德

知识的理解。

研究教育信息化背景下的道德教育，就是要深入探索如何充分利用这些丰富的资源和多样的手段，构建适应信息时代特点的道德教育新模式。这意味着要研究如何将这些资源和手段与道德教育内容有机结合，创新教学方法，使道德教育更加贴近大学生的生活实际和思想需求。同时，还要研究如何利用信息技术手段对道德教育效果进行实时评估和反馈，以便及时调整教育策略，确保道德教育的针对性和实效性。

最终，通过这样的研究和实践，我们期望能够使大学生在复杂多变的信息环境中，不仅掌握丰富的知识，更能树立正确的道德观念，形成良好的道德行为习惯。这将使他们在面对网络暴力、信息泄露、隐私侵犯等道德挑战时，能够做出正确的判断和选择，成为具有高尚道德情操和良好信息素养的新时代人才。

（二）丰富道德教育理论，指导教育实践

1. 深化道德教育理论研究

教育信息化背景下的大学生道德教育研究，不仅具有实践意义，更在理论层面为深化对道德教育理论的认识和理解提供了重要契机。这一研究领域通过引入实证分析、案例研究等科学方法，致力于系统地探究信息化环境如何作用于道德教育过程，以及这一过程中蕴含的影响机制和作用规律。

具体而言，研究将关注信息化环境下道德教育内容、方法、手段的创新与变革，分析这些变革如何影响大学生的道德认知、情感和行为发展。同时，通过收集和分析实际数据，研究将揭示信息化在提升道德教育实效性、增强大学生道德自律能力等方面的具体作用机制。

此外，案例研究将作为重要手段，通过对典型信息化道德教育实践进行深入剖析，提炼出可推广、可复制的有效经验和模式。这些案例不仅将为道德教育实践提供直接指导，也将为道德教育理论的丰富和发展提供宝贵的实证素材。

综上所述，教育信息化背景下的大学生道德教育研究，将通过实证分析、案例研究等方法，为深化道德教育理论的认识和理解提供有力支持。这一研究将有

助于揭示信息化对道德教育的深远影响，为构建适应信息时代要求的道德教育理论体系奠定坚实基础。

2. 指导道德教育实践

研究成果在道德教育实践中的应用具有直接而深远的意义。它们能够为高校提供科学、合理的道德教育方案和实施路径，确保道德教育的针对性和实效性。具体而言，这些研究成果可以指导高校优化教育资源配置，将有限的资源投入最能产生教育效果的地方，如开发高质量的道德教育课程、建设富有吸引力的教育平台等。

同时，研究成果还能推动高校创新教育模式和方法。传统的道德教育往往侧重于理论灌输，而在信息化背景下，大学生更倾向于接受生动、形象、互动性强的教育方式。因此，研究成果可以引导高校探索更符合大学生特点的教育模式，如采用虚拟现实技术模拟道德情境、利用社交媒体平台开展道德讨论等。

通过这些手段的应用，道德教育的吸引力和感染力将得到显著提升。大学生将在更加生动、有趣的教育环境中接受道德教育，从而更容易产生共鸣，形成深刻的道德认知。同时，他们的道德认同感和责任感也将得到增强，更加自觉地践行道德规范，成为具有高尚品德的社会栋梁。

综上所述，研究成果在道德教育实践中的应用不仅能为高校提供科学的指导，还能推动道德教育的创新和发展，最终培养出更多具有坚定道德信念和良好道德行为的大学生。

（三）促进大学生全面发展，培养高素质人才

1. 提升大学生道德素养

教育信息化背景下的大学生道德教育研究，其核心目标是通过科学的教育手段和方法，有效提升大学生的道德素养和道德实践能力。这一研究深知，在信息化高速发展的今天，大学生作为社会的未来栋梁，其道德品质的塑造不仅关乎个人的全面发展，更直接影响到社会的进步与和谐。

因此，该研究致力于探索并实践一系列创新的教育策略，旨在使大学生在知

识、能力、素质等多个维度上实现均衡发展。这不仅仅包括道德理论知识的传授，更重要的是通过情境模拟、案例分析、社会实践等多种教学手段，让大学生在实际操作中体验和感悟道德的力量，从而培养他们的道德判断力和决策能力。

同时，该研究还注重引导大学生树立高尚的道德情操和强烈的社会责任感。在信息爆炸的时代，大学生需要学会辨别真伪、明辨是非，坚守道德底线，积极投身社会公益事业，用实际行动践行社会主义核心价值观。

最终，通过这一系列科学、系统的道德教育，我们期望能够培养出既具备扎实专业知识，又拥有高尚品德、强烈社会责任感和良好行为习惯的高素质人才。这样的人才将能够在未来的社会生活中发挥积极作用，成为推动社会进步和发展的重要力量。

2. 增强大学生社会适应能力

在信息化社会中，道德素养的重要性愈发凸显，它不仅是衡量一个大学生综合素质的重要指标，更是其社会适应能力的重要组成部分。面对日新月异的信息技术和复杂多变的社会环境，大学生需要具备良好的道德素养，才能做出正确的价值判断和行为选择，有效应对各种社会挑战。

通过加强道德教育，我们可以帮助大学生树立正确的世界观、人生观和价值观[①]，培养他们的道德责任感和自律意识。这将使他们在面对社会问题时，能够更加理性地思考，更加积极地行动，从而更好地适应社会发展的需求。

同时，道德教育还能激发大学生的社会责任感和使命感。在中华民族伟大复兴的中国梦指引下，他们需要具备强烈的爱国情感和奉献精神，积极参与社会建设和发展，为实现国家繁荣富强和人民幸福安康贡献自己的力量。

因此，加强大学生道德教育不仅是提升他们个人素质的需要，更是推动社会进步和发展的重要途径。我们应该注重道德教育的实效性和创新性，通过多样化的教育手段和方法，使道德教育更加贴近大学生的生活实际和思想需求，从而培

---

① 刘明亮. 大学生学术道德现状与教育对策 [J]. 国家教育行政学院学报，2012（9）：32.

养出更多具备高尚道德素养和强烈社会责任感的高素质人才。

（四）推动教育信息化进程，促进教育现代化

1. 促进教育技术创新与应用

教育信息化背景下的大学生道德教育研究，其深入进行离不开先进的教育技术手段和方法的支持。这一研究领域要求积极探索并应用最新的教育技术，以促进道德教育内容、形式与手段的现代化。通过精心研究和实践这些技术手段和方法，我们不仅能够为道德教育带来新的活力和创新，还能推动整个教育技术领域的进步与发展。

在具体操作中，这可能涉及利用大数据和人工智能技术来分析大学生的道德认知和行为模式，以便为他们提供更加个性化和精准的道德教育。同时，虚拟现实、增强现实等先进技术的引入，也能为道德教育创造出更加生动和逼真的学习场景，使大学生能够在虚拟环境中体验和实践道德行为，从而加深他们的道德理解和认同。

此外，研究还应关注如何将这些先进的教育技术手段与方法有效地融入传统的道德教育体系，实现线上与线下教育的有机结合，为大学生打造一个全方位、多层次的道德教育环境。

2. 优化教育资源配置

教育信息化在推动教育现代化进程中扮演着重要角色，其中一个显著优势就是有助于实现教育资源的优化配置和共享利用。传统教育模式下，教育资源往往受限于地域、时间等因素，难以实现高效、广泛的共享。而教育信息化则打破了这些限制，通过数字化、网络化等手段，使得优质教育资源能够跨越时空，为更多学习者所共享。

在研究教育信息化背景下的大学生道德教育时，我们可以深入探索如何更加合理地配置和利用这些教育资源。这包括如何根据道德教育的目标和内容，选择和设计适合的教育信息化工具和平台；如何通过数据分析和技术手段，精准地识别大学生的学习需求和兴趣点，从而为他们提供个性化的道德教育资源；以及如

何通过建立资源共享机制，促进高校之间、师生之间以及学校与社会之间的教育资源交流与共享。

通过这些研究和实践，我们可以进一步提高教育资源的使用效益和质量水平。一方面，教育信息化可以使得道德教育资源更加丰富多样、生动有趣，从而增强大学生的学习动力和参与度；另一方面，通过合理的资源配置和共享利用，我们可以避免教育资源的重复建设和浪费，提高整体教育投资的经济效益和社会效益。

综上所述，"教育信息化背景下的大学生道德教育研究"具有适应时代发展需求、丰富道德教育理论、促进大学生全面发展以及推动教育信息化进程等多重研究目的。这些目的的实现将有助于提升道德教育的针对性和实效性，为培养高素质人才和推动教育现代化做出积极贡献。

二、问题提出

（一）信息化时代的快速发展

随着信息技术的迅猛发展和互联网的普及，人类社会已经全面进入信息化时代。这一时代特征不仅改变了人们的生活方式、工作方式，也对教育领域产生了深远的影响。教育信息化作为信息化时代的重要组成部分，正在以前所未有的速度改变着传统教育模式，为教育带来了新的机遇和挑战。

在信息化时代，互联网以其海量的信息和高速的传播速度极大地丰富了人们的知识获取途径。然而，这也导致了严重的信息过载问题。大学生作为互联网的主要用户群体之一，每天面临着大量的信息输入，包括学术资料、娱乐新闻、社交动态等。信息过载不仅增加了大学生筛选有用信息的难度，还可能导致他们在处理信息时缺乏深度和思考，进而影响到其道德判断和决策能力。

（二）大学生道德教育的紧迫性

大学生作为国家的未来和民族的希望，其道德素质的高低直接关系到国家的长治久安和民族的兴衰成败。然而，在信息化时代背景下，大学生面临着复杂多变的信息环境和网络诱惑，其道德观念和行为方式容易受到冲击和影响。因此，加强大学生道德教育，提高其道德素养和道德实践能力，已成为当前教育领域亟待解决的问题。

网络舆论是信息化时代特有的现象，它打破了传统媒体的垄断地位，使得每个人都能成为信息的发布者和传播者。然而，这也导致了网络舆论的复杂性和多变性。大学生正处于世界观、人生观、价值观形成的关键时期，容易受到网络舆论的影响。①复杂的网络舆论环境可能包含正面和负面的信息，正面的信息有助于培养大学生的道德观念和社会责任感，而负面的信息则可能引发他们的道德困惑和价值观冲突。

（三）教育信息化对道德教育的影响

教育信息化的发展为道德教育提供了新的手段和平台，但同时也带来了一系列新的问题和挑战。一方面，教育信息化使得道德教育资源更加丰富多样，教学手段更加灵活便捷，有利于提高道德教育的针对性和实效性；另一方面，教育信息化也使得道德教育的环境更加复杂多变，网络道德问题日益凸显，给道德教育带来了新的挑战。因此，研究教育信息化背景下的大学生道德教育，探索其特点和规律，提出有效的教育策略和方法，具有重要的现实意义。

随着全球化的深入发展和信息技术的广泛应用，不同文化、不同观念的交流和碰撞日益频繁。这种交流碰撞使得大学生的价值观呈现出多元化的趋势。一方面，多元化的价值观有助于拓宽大学生的视野和思维方式，促进他们的全面发展；另一方面，价值观的多元化也可能导致大学生在道德选择上面临困惑和冲突。特别是在网络环境中，各种价值观的交织和碰撞更为激烈，使得大学生在道德判断和行为选择上更加复杂和困难。

（四）国内外研究现状的启示

从国内外研究现状来看，关于教育信息化和道德教育的研究已经取得了一定的成果，但仍存在一些不足之处。例如，对教育信息化背景下大学生道德教育的

---

① 杨松.大数据时代高校网络舆论导向机制研究 [J].黑龙江教育（高教研究与评估），2023（1）：22.

研究相对较少，缺乏系统性的理论研究和实证研究；同时，现有研究多关注于技术层面的应用和创新，而忽视了道德教育本身的特性和要求。因此，本研究旨在填补这一研究空白，为教育信息化背景下的大学生道德教育提供新的思路和方法。

综上所述，本课题问题提出背景是基于信息化时代的快速发展、大学生道德教育的紧迫性、教育信息化对道德教育的影响以及国内外研究现状的启示等多个方面的考虑。本研究旨在深入探索教育信息化背景下大学生道德教育的特点和规律，提出有效的教育策略和方法，为培养高素质、有道德的大学生贡献力量。

第三节　研究现状综述

一、国内研究现状综述

在国内，随着教育信息化的不断推进，大学生道德教育的研究也日益受到重视。当前，国内关于相关课题的研究主要表现出以下几个特点：

（一）理论研究与实践探索相结合

国内学者在借鉴国外相关理论的基础上，结合我国高等教育的实际情况，对教育信息化背景下的大学生道德教育进行了深入探讨。他们不仅关注道德教育理论的发展，致力于构建符合我国国情和教育现状的道德教育体系，还特别注重将理论研究成果应用于实际教学中。他们深知，理论的价值在于指导实践，只有通过实践才能检验理论的正确性和可行性。因此，他们积极将道德教育理论融入课堂教学、校园文化、社会实践等各个环节，通过多样化的教学方式和活动形式，让学生在实践中感知、体验和践行道德规范。同时，他们还注重收集和分析实践数据，及时反馈和调整教学策略，以不断完善和丰富道德教育理论。这种理论与实践相结合的研究方式，不仅推动了道德教育理论的发展，也为实际教学提供了有力的支持和指导。

（二）教育技术手段的广泛应用

随着大数据、人工智能、虚拟现实等先进技术的迅猛发展，国内研究者敏锐地捕捉到这些技术为大学生道德教育带来的全新机遇。他们开始积极探索并实践这些技术在道德教育领域的应用，力求通过技术手段的创新，为道德教育注入新的活力。

例如，大数据技术的运用使得研究者能够深入分析学生的学习行为和道德认知特点。通过对海量数据的挖掘和处理，研究者能够发现学生在道德学习过程中的规律和趋势，从而为个性化教学提供有力的依据。这种基于数据的精准教学，不仅提高了道德教育的针对性，也增强了学生的学习效果。

同时，虚拟现实技术的引入为道德教育提供了全新的实践平台。通过虚拟现实技术，研究者能够模拟出各种真实的道德情境，让学生在虚拟环境中进行道德实践。这种身临其境的学习方式，不仅增强了学生的道德体验，也提高了他们的道德判断能力和行为选择能力。

除此之外，国内研究者还在探索其他先进技术在道德教育中的应用。如人工智能技术可以用于开发智能道德辅导系统，为学生提供个性化的道德指导和建议；移动互联网技术可以用于构建道德教育云平台，实现道德教育资源的共享和传播等。

总之，教育技术手段的广泛应用为大学生道德教育带来了全新的变革。国内研究者通过积极探索和实践，不断将先进技术融入道德教育过程，创新了道德教育模式和方法，为培养具有高尚品德和良好行为习惯的高素质人才提供了有力的支持。

（三）跨学科研究的趋势

大学生道德教育的研究已经不再局限于单一的学科领域，而是逐渐呈现出跨学科的特点。这一转变标志着道德教育研究的深化与拓展，研究者们开始跨越传统学科的界限，将心理学、社会学、传播学等多个学科的理论和方法引入道德教育研究中。

心理学的引入使得道德教育更加关注学生的内心世界和个体差异。研究者们运用心理学的理论和方法，分析学生的道德认知、道德情感和道德行为的发展规律，为制订个性化的道德教育方案提供科学依据。

社会学的视角则帮助研究者们更加深入地理解道德教育与社会环境之间的互动关系。他们关注社会变迁对道德教育的影响，以及道德教育如何在社会中发挥作用，推动社会的和谐与进步。

传播学的理论和方法在道德教育中的应用也日益受到重视。研究者们关注道德信息的传播方式和效果，探索如何运用现代传播手段增强道德教育的吸引力和影响力，使道德教育更加贴近学生的生活实际。

跨学科的研究方法不仅丰富了道德教育的理论体系，也为实践提供了更加多元化的思路和手段。通过跨学科的合作与交流，研究者们能够从多个角度全面深入地剖析道德教育的本质和规律，推动道德教育不断创新与发展。

（四）存在问题与挑战

尽管国内在大学生道德教育领域取得了不少研究成果，但仍面临一些显著的问题和挑战。这些问题不仅关乎道德教育的实施效果，也影响着学生的全面发展和社会的整体进步。

例如，部分高校对道德教育的重视程度显然不足，这直接导致教育资源在分配上的不均衡。在一些高校中，道德教育往往被边缘化，无论是在课程设置、师资配备还是资金支持上，都难以得到应有的重视。这种现状无疑制约了道德教育的发展，也影响了学生的道德素养培养。

同时，部分教师在应用教育技术手段进行道德教育时显得力不从心，缺乏必要的经验和技巧。尽管教育技术为道德教育提供了新的可能性，但如何有效地将这些技术融入教学，如何利用技术手段提高学生的道德认知和行为习惯，对于许多教师来说仍然是一个亟待解决的难题。

此外，面对复杂多变的信息环境，如何有效引导学生树立正确的道德观念也是一个亟待解决的问题。在信息爆炸的时代，学生每天接触到大量的信息，其中不乏一些负面、虚假或具有误导性的内容。这些信息很容易对学生的道德观念产生冲击，甚至导致他们产生道德困惑或行为失范。因此，如何在这样的信息环境中坚守道德底线，引导学生形成正确的价值判断和行为选择，是道德教育面临的一个重要挑战。

综上所述，尽管国内在大学生道德教育领域取得了一定的研究成果，但仍需要面对和解决一系列的问题和挑战。这需要高校、教师、学生以及社会各界的共同努力，通过不断创新和实践，推动道德教育的持续发展和进步。

二、国外研究现状综述

在国外，尤其是西方发达国家，关于教育信息化背景下的大学生道德教育研究起步较早，研究成果也较为丰富。

（一）计算机伦理与信息伦理的深入研究

西方国家在道德教育领域的研究，虽然没有直接使用"大学生道德教育"这一表述，但其研究内容实质上广泛涵盖了这一重要领域。特别是在计算机伦理与信息伦理方面，西方学者进行了深入而细致的探讨。

例如，美国学者多恩·帕克、理查德·A.斯皮内洛等人，他们在这个领域的研究具有深远的影响。他们不仅关注到网络信息时代人们在道德领域所面临的新挑战，还深入剖析了这些挑战背后的伦理问题。这包括网络隐私的保护、知识产权的尊重以及网络空间中安全关系的维护等多个方面。

他们的研究揭示了，在网络信息时代，传统的道德观念和行为规范面临着前所未有的冲击和挑战。如何在这个全新的环境中，建立和维护一套适应时代需求的道德伦理体系，成为摆在他们面前的重要课题。

通过对计算机伦理和信息伦理的深入研究，这些西方学者为我们提供了宝贵的理论资源和实践指导。他们的研究成果不仅有助于我们更好地理解网络信息时代的道德问题，还为我们探索和改进大学生道德教育提供了新的思路和方向。

（二）虚拟社会与道德教育

随着互联网的迅猛发展以及虚拟社会的逐渐成形，国外学者敏锐地捕捉到了这一新兴领域中的道德教育问题，并开始对其进行深入的探究。他们意识到，虚拟社会作为一个全新的社交平台，其独特的特性和环境对人们的道德行为产生了深远的影响。

国外学者主要采取调查分析的方法来研究大学生网络道德失范的现象。例如，美国学者约翰·奈斯比特在《改变我们生活的十个新方向》研究中指出，网络社会里的大量信息参差不齐，大部分并未经过处理，那些对人类的发展有害无益的信息在网络社会里不再构成资源，这说明大学生接受网络不良信息是失范的表现。学者瓦尔特在《信息与计算机伦理》中指出，人们更为具体地论述了各种网络道德伦理问题及应对举措。如黑客、网络隐私、网络知识产权、网络从业人员的道德规范等伦理道德问题，并提出了相应的解决措施。并通过实证调查法对 1320 名聊天室用户进行了调查，结果发现网民的欺骗行为主要体现在谎报年龄、职业、收入、性别等。因此可以说明网络欺骗行为是普遍存在的。[①]

因此，国外学者们致力于研究虚拟社会中的道德行为特点，探索在这个数字化世界中，人们如何表现自己的道德观念，以及这些观念如何影响他们的行为选择。他们关注虚拟社会中的互动模式、信息传播方式以及社群形成等因素，以期更全面地理解虚拟社会中的道德现象。

同时，学者们也致力于虚拟社会中道德规范的构建研究。他们认识到，在虚拟社会中，传统的道德规范可能并不完全适用，因此需要制定新的、适应虚拟社会特性的道德规范。这些规范旨在引导人们在虚拟社会中的行为，确保虚拟社会的健康、有序发展。

此外，国外学者还积极探索道德教育在虚拟社会中的实施路径。他们关注如何将传统的道德教育方法与虚拟社会的特性相结合，以更有效地提升人们的道德

---

① 李国庆.大学生网络道德失范及其教育引导研究[D].哈尔滨：东北林业大学，2021：12.

素养。这包括开发针对虚拟社会的道德教育课程、设计虚拟实践活动以及利用虚拟社会中的社群力量进行道德教育等。

综上所述，国外学者在虚拟社会与道德教育这一领域的研究具有前瞻性和创新性。他们的研究成果不仅为我们理解虚拟社会中的道德现象提供了新的视角，也为我们在虚拟社会中实施有效的道德教育提供了宝贵的参考。

（三）多元化与全球化的视角

国外研究者在深入探讨大学生道德教育时，展现出一种鲜明的多元化和全球化视角。他们不仅将关注点放在本国大学生的道德教育问题上，还积极拓宽视野，关注其他国家乃至全球范围内的大学生道德教育状况和发展趋势。

这种多元化视角体现在他们研究方法的多样性上。国外研究者善于运用跨文化比较、案例研究、实证研究等多种方法，来全面剖析不同国家和地区大学生道德教育的异同。他们关注不同文化背景下的道德教育内容、方法、效果等，以期从中发现道德教育的普遍规律和特殊经验。

同时，全球化视角也贯穿在他们的研究中。国外研究者深知，在全球化日益加深的今天，大学生道德教育已经不能仅仅局限于本国范围内。他们需要关注全球道德教育的最新动态和发展趋势，了解不同国家和地区在道德教育方面的创新实践和经验教训。这种全球化视角有助于他们站在一个更高的层次上，来审视和反思本国大学生道德教育的现状和未来发展方向。

总之，国外研究者采用多元化和全球化的视角来探讨大学生道德教育，这种视角不仅丰富了他们的研究内容和方法，也使他们能够更全面地把握道德教育的本质和规律。这种研究方式对于推动全球范围内大学生道德教育的交流与合作，促进道德教育的创新与发展具有重要意义。

（四）注重实证研究

国外学者在探讨大学生道德教育问题时，展现出对实证研究方法的高度重视。他们深知，仅凭理论推导和主观臆断难以深入剖析道德教育的复杂性和多样性。因此，他们积极采用问卷调查、案例分析、实验研究等多种实证研究方法，系统地收集和分析相关数据，以期验证和完善道德教育理论。

在问卷调查方面，国外学者设计了精细的问卷，涵盖了道德认知、道德情感、道德行为等多个维度，以全面了解大学生在道德教育方面的现状和需求。他们通过对大量问卷数据的统计分析，揭示出道德教育存在的问题和挑战，为后续研究提供有力的数据支持。

在案例分析方面，国外学者选取了具有代表性的道德教育实践案例，进行深入剖析。他们关注案例中的细节和背景，通过对比分析不同案例之间的异同，提炼出道德教育的成功经验和失败教训。这种案例分析方法有助于他们更直观地理解道德教育的实际运作过程，为理论构建提供实证基础。

在实验研究方面，国外学者设计了严谨的实验方案，通过控制变量、设置对照组等方式，探究不同道德教育方法对学生道德素养的影响。他们关注实验过程中的每一个细节，确保实验结果的准确性和可靠性。这种实验研究方法有助于他们更科学地评估道德教育的效果，为改进和创新道德教育方法提供实证依据。

国外学者在研究中注重实证方法的运用，通过多种方式收集数据和分析结果，以验证和完善道德教育理论。这种实证研究方法不仅提高了研究的科学性和可靠性，也为道德教育实践提供了有力的指导和支持。

综上所述，国内外关于教育信息化背景下的大学生道德教育研究均取得了一定的成果，但也存在一些问题和挑战。未来的研究需要继续深化理论探讨和实践探索，加强跨学科合作和实证研究，以推动大学生道德教育事业的不断发展。

第四节　研究思路与方法

一、研究思路

综合国内外道德教育研究领域，尤其是针对大学生的道德教育研究，还缺乏较为系统的研究,学者们尤其是在教育信息化背景下对这一问题的着墨更为鲜少。

国内外学生对中小学道德教育的研究成果较多，而对大学生往往从思政教育的角度进行研究。因此本研究首先确定了大学生道德教育研究这一目标，然后确立了教育信息化这一研究背景。教育信息化是当前高等教育重要的现实与趋势，尤其是在信息时代成长起来的大学生，更是无法脱离教育信息化这一重要教育背景。

基于教育信息化研究大学生道德教育的问题主要是基于如下几点考虑：

教育信息化在大学生道德教育中的重要性不容忽视。随着科技的飞速发展，信息技术已成为现代社会不可或缺的一部分，其在教育领域的应用也愈发广泛。教育信息化不仅为知识的传播提供了更加便捷、高效的途径，更为大学生道德教育注入了新的活力。

第一，教育信息化拓宽了道德教育的视野。通过互联网等信息技术手段，大学生可以接触到来自世界各地的道德观念和价值取向，从而开阔视野，增强对不同文化的理解和尊重。这种多元化的信息环境有助于培养大学生的全球视野和跨文化交流能力，为他们成为具有国际竞争力的道德人才奠定基础。

第二，教育信息化丰富了道德教育的手段。通过多媒体、网络课程等现代教育技术，教师可以采用更加生动、直观的教学方式来传授道德知识，激发学生的学习兴趣和主动性。同时，利用虚拟现实、人工智能等先进技术，还可以模拟真实的道德情境，让学生在虚拟环境中进行道德判断和选择，从而提高他们的道德实践能力和应对复杂问题的能力。

第三，教育信息化有助于构建全员、全程、全方位的道德教育体系。通过信息化手段，可以实现道德教育的资源共享和互动交流，形成学校、家庭、社会共同参与的道德教育网络。这种全方位的教育模式有助于形成强大的教育合力，提高道德教育的针对性和实效性。

因此，本研究在对信息社会以及教育信息化特征研究的基础上，分析了信息化时代对大学生道德教育挑战与影响，然后分析了大学生道德教育的现状，对其教育成效和经验进行总结，同时指出了其存在的问题与不足，进而对其影响因素进行分析。

信息化背景下大学生道德教育的策略及其创新是本研究的重点，我们主要从教育内容的创新、教育方式的创新、教育环境的优化、教育者队伍建设等几个方面进行了论述。

接下来本研究基于沂蒙精神如何融入新时代大学生道德教育进行了实例研究，注重分析与比较了沂蒙精神融入大学生道德教育的传统路径以及信息化背景下沂蒙精神融入大学生道德教育的创新路径。

最后部分则是通过对研究的总结揭示信息化背景下大学生道德教育的重要性与紧迫性，在对信息化背景下大学生道德教育取得的成绩和存在的问题进行总结的基础上，对信息化背景下大学生道德教育未来发展进行了展望。

二、研究方法

本研究属于社会科学范畴的研究，所以需要综合社会学、教育学、管理学、心理学、政治学、伦理学等多学科的知识和理论进行研究。主要具体采取了如下几种方法：

（一）文献研究法

文献研究法是一种通过对现存文献资料进行系统查阅、分析、整理，从而获取信息、了解研究对象、形成对事物的科学认识的研究方法。这是一般社会科学研究最主要的方法，也是本研究最重要的方法。通过查阅报刊、经典著作、网络、相关科研期刊论文、工具书、教科书、党的相关资料等查阅与本选题相关的历史与现状文献资料，搜集关于教育信息化、大学生道德教育、大学生思政教育、大学生心理健康教育等研究文献，并对国内外相关文献资料进行整理、分析，学习、探究本命题的最新前沿研究。

（二）案例研究法

案例研究法是一种深入探索特定个案或现象的研究方法，通过对一个或多个案例的详细分析，来揭示和解释案例中的问题、现象、发展、原因。这种方法在社会科学、管理学等多个领域都有广泛的应用。本研究通过对大学生道德教育、信息化背景下的教育模式典型案例进行了研究与分析，进而探究他们的经验与不足。

（三）调查研究法

本研究主要采用了访谈、观察等研究方法，从客观的角度对大学生道德教育的现状以及案例高校在大学生道德教育中采取的教育方式方法进行了调查研究。

（四）比较研究法

比较研究法是一种对两个或两个以上事物进行对比分析，以揭示它们之间的相似性和差异性，从而深入理解事物本质和规律的研究方法。本研究方法可应用于几乎所有学科领域，包括社会科学、自然科学、人文科学等。本研究主要对道德教育的传统手段与信息化手段进行了比较分析，进而为基于信息化手段的大学生道德教育提出优化策略建议。

第一章　信息化时代对大学生道德教育的影响

信息化时代，以其独特的魅力和无限的可能性，正在深刻地改变着我们的生活、工作和学习方式。对于大学生这一特定群体而言，信息化时代不仅为他们提供了更为丰富的学习资源和更为便捷的学习方式，同时也对他们的道德教育产生了深远的影响。

在信息化时代，大学生道德教育的环境发生了显著的变化。传统的道德教育往往依赖于课堂讲授、教材阅读等方式，而在信息化时代，大学生可以通过互联网接触到更为广泛的信息来源，包括各种新闻、观点、文化等。这种信息环境的丰富性为道德教育提供了更为广阔的空间，但同时也带来了挑战。因为互联网上的信息并非都是积极、正面的，一些不良信息、虚假信息、极端观点等也可能对大学生的道德观念产生负面影响。

信息化时代为大学生道德教育提供了更为多样的教育手段。传统的道德教育往往以讲授为主，而在信息化时代，教育者可以利用多媒体、网络等现代技术手段，将道德教育内容以更为生动、形象的方式呈现给大学生。例如，通过制作道德教育主题的微电影、动画、漫画等，让大学生在轻松愉快的氛围中接受道德教育。同时，教育者还可以利用社交媒体、在线论坛等平台，与大学生进行更为直接的交流和互动，了解他们的思想动态，及时解答他们的疑惑，引导他们树立正确的道德观念。

然而，信息化时代也对大学生道德教育提出了更高的要求。在信息化时代，大学生面临着更为复杂的社会环境和更为多元的价值观念。他们需要在各种信息中筛选出有价值、有意义的内容，形成自己的判断和观点。这就要求大学生道德教育不仅要传授基本的道德规范和价值观念，还要培养大学生的信息素养和批判性思维能力。教育者需要引导大学生学会如何辨别信息的真伪、如何评估信息的价值、如何形成自己的独立见解，从而在面对各种复杂问题时能够做出正确的道德选择。

信息化时代还对大学生道德教育的实效性提出了更高的要求。在传统的道德教育中，教育者往往通过课堂讲授、考试等方式来评估大学生的道德水平。然而，在信息化时代，这种评估方式可能显得过于单一和片面。因为大学生的道德水平不仅体现在他们的知识掌握程度上，还体现在他们的行为表现、社会责任感等多个方面。这就要求教育者需要采用更为多元、全面的评估方式来评价大学生的道德水平，如通过观察他们在日常生活中的行为表现、了解他们在社会实践中的表现等方式来全面评估他们的道德素质。

信息化时代对大学生道德教育产生了深远的影响。它丰富了道德教育的环境和手段，为道德教育提供了更为广阔的空间和更为多样的可能性。然而，同时也对道德教育提出了更高的要求和挑战。教育者需要不断更新教育观念和教育手段，适应信息化时代的发展要求，引导大学生在复杂多变的社会环境中坚守道德底线、追求高尚品德、成为具有社会责任感和使命感的新时代青年。只有这样，我们才能确保大学生道德教育在信息化时代中发挥出其应有的作用和价值。

第一节　信息化时代的主要特征

在信息化的浪潮中，数字化、智能化、网络化，这一信息化时代的鲜明特征，正以它独特的方式重塑我们的世界。互联网的触角伸向地球的每一个角落，将人与人、信息与信息紧密连接。在这网络的海洋中，知识与思想的交流变得前所未有的便捷，文化与经济的边界逐渐模糊。网络化不仅拉近了物理距离，更缩短了心灵距离，让合作与发展跨越时空。然而，网络的双刃剑也带来了信息过载、隐私泄露等问题，需要我们共同面对和解决。在享受网络带来的便捷的同时，我们也应承担起维护网络安全、保护个人隐私的责任，共同构建一个清朗、有序的网络空间，信息化成为时代的鲜明印记。信息技术如同细密的丝线，将人与世界紧密相连，信息的流通和共享成为常态，极大地缩短了人与人之间的距离。社会的运行效率得以显著提升，而大数据、云计算等技术的应用，更是让决策更加科学精准。然而，信息社会也带来了信息安全和个人隐私保护的挑战，以及数字鸿沟的问题。面对这些挑战，我们必须审慎应对，确保信息技术的健康发展，使之更好地服务于人类的福祉。

一、信息化的特征

信息化的特征主要从以下几个方面来阐述：

（一）基本特征

1. 明显的信息外溢性

信息化过程中，信息作为一种资源，具有极强的外溢效应。信息的传播和应用不再局限于特定的组织或个体，而是可以跨越时间和空间，广泛传播和应用，从而产生更大的社会效益和经济效益。

首先，信息的流通速度和范围得到了前所未有的扩展。随着互联网和通信技术的飞速发展，信息可以在瞬间传遍全球，触及世界的每一个角落。这种快速广泛的传播，使得信息能够迅速被更多人接收和利用，极大地提升了信息资源的使用效率。

其次，信息的共享性和开放性得到了强化。在数字化时代，信息不再是封闭的、孤立的，而是可以被无限次地复制、分发和共享。这种特性打破了传统信息传播的壁垒，促进了知识的自由流动和交流，为社会成员提供了平等获取和利用信息的机会。

再次，信息的多样性和丰富性也得到了极大的增强。信息技术的进步使得各种形式的数据和信息都能够被有效地记录、存储和处理。文字、图片、音频、视频等多种媒介的信息相互交织，形成了一个丰富多彩的信息生态系统。这种多样性不仅满足了人们多样化的信息需求，也为创新和发展提供了源源不断的素材和灵感。

最后，信息的应用范围也在不断扩大。在现代社会，信息已经渗透到生产、管理、教育、医疗、娱乐等各个领域，成为推动社会发展的重要力量。无论是在宏观经济的调控中，还是在微观个体的日常生活中，信息都发挥着不可或缺的作用。

2. 极强的技术创新性

信息化是建立在现代信息技术基础之上的，这些技术包括计算机技术、网络技术、通信技术、人工智能技术等。这些技术不断创新和发展，推动信息化进程不断向前，为各个领域带来革命性的变化。

计算机技术，作为信息化的核心引擎，其处理能力、存储容量及能效比的不断跃升，为数据处理与分析提供了无限可能，使得复杂问题的快速解决成为可能。网络技术的飞速发展，尤其是互联网、物联网等技术的广泛应用，打破了地域与时间的限制，构建起一个互联互通、资源共享的全球性网络空间，极大地促进了信息的自由流动与高效传播。

通信技术的革新，则进一步缩短了信息传递的时间延迟，提高了通信质量，从传统的有线通信到无线通信，从3G、4G到即将全面普及的5G乃至未来更高级别的通信技术，每一次升级都意味着数据传输速度的飞跃和用户体验的显著提升，为远程教育、远程医疗、智慧城市等新兴业态的兴起奠定了坚实基础。

而人工智能技术的崛起，更是为信息化插上了智慧的翅膀。它不仅能够模拟人类的思维过程，执行复杂任务，还能通过机器学习和深度学习算法不断优化自身性能，实现自我进化。在大学生道德教育领域，人工智能技术能够精准分析学生的思想动态与行为模式，为教育者提供个性化的教育方案，显著提升教育效果与针对性。

3. 广泛的技术渗透性

信息化技术具有极强的渗透性，能够渗透到社会、经济、文化等各个领域和层面。无论是传统产业还是新兴产业，无论是政府管理还是社会服务，都离不开信息化技术的支撑和推动。

在经济领域，信息化技术成为推动产业升级与转型的重要引擎。传统产业通过引入数字化、网络化、智能化技术，实现了生产流程的优化、管理效率的提升以及产品服务的创新，焕发出新的生机与活力。同时，以互联网、大数据、云计算等为代表的新兴技术，更是催生出电子商务、共享经济、远程办公等一系列新兴业态，为经济增长注入了新的动力。

文化领域同样未能幸免于信息化技术的广泛渗透。数字化技术使得文化资源的保存、传播与共享变得更加便捷高效，极大地丰富了人们的文化生活。网络文学、在线音乐、影视流媒体等新兴文化形态的出现，不仅改变了人们的文化消费习惯，也促进了文化的多元交流与融合。此外，虚拟现实（VR）、增强现实（AR）等技术的应用，更是为人们带来了沉浸式的文化体验，开启了文化传播与表达的新纪元。

政府管理与社会服务领域，信息化技术同样发挥着举足轻重的作用。电子政务、智慧城市等项目的建设，使得政府服务更加透明、高效、便捷，极大地提升了公众满意度。同时，大数据、人工智能等技术的应用，为政府决策提供了科学的数据支撑，提高了决策的精准性与有效性。在社会服务方面，信息化技术也促进了教育、医疗、养老等公共服务的均等化与普惠化，让更多人享受到科技进步带来的红利。

4. 较高的经济效益性

信息化能够显著提高生产效率和经济效益。通过信息化手段，企业可以实现生产过程的自动化、智能化和精细化管理，降低生产成本，提高产品质量和市场竞争力。同时，信息化还能够促进产业升级和转型，推动经济高质量发展。

对于企业而言，信息化是提升生产效率和经济效益的关键途径。通过引入先进的信息化技术，企业能够实现生产流程的自动化与智能化改造，减少人工干预，提高生产精度与效率。同时，精细化管理系统的建立，使得企业在原材料采购、库存管理、生产计划安排等方面能够做出更加科学合理的决策，有效降低了生产成本，提升了资源利用效率。此外，信息化还为企业提供了强大的数据分析能力，帮助企业精准洞察市场需求变化，快速响应市场调整产品策略，从而增强产品竞争力和市场占有率。

更为深远的是，信息化在促进产业升级与转型方面发挥着不可替代的作用。它打破了传统产业的界限，推动了产业链上下游的深度融合与协同创新，催生出众多新兴产业与业态。这些新兴产业往往具有更高的技术含量、更强的创新能力以及更广阔的市场前景，为经济发展注入了新的活力与动力。同时，信息化还促进了经济结构的优化升级，推动了经济由依赖资源消耗向创新驱动转变，实现了经济发展的质量与效益双提升。

5. 强劲的产业带动性

信息化，这一深刻改变社会结构与经济面貌的力量，其影响力远不止于技术层面的革新，更在于它作为一股强大的产业驱动力，引领着整个产业生态的转型升级与协同发展。信息化的发展，不仅仅是一个技术迭代与应用的过程，更是一个产业体系重构与扩展的壮丽篇章。

在这一进程中，信息产业作为信息化的核心载体，经历了前所未有的快速增长与繁荣。电子信息制造业，作为信息技术的物质基础，通过技术创新与产业升级，不断推出高性能、低功耗、智能化的产品与服务，为信息化应用提供了坚实的硬件支撑。软件和信息服务业，则依托强大的软件开发与信息服务能力，为各行各业提供了定制化的信息化解决方案，助力企业实现数字化转型与智能化升级。电信业，作为信息传输的主动脉，通过建设高速、安全、可靠的信息网络，为信息化应用提供了畅通的信息通道与广泛的覆盖范围。

更为重要的是，这些信息产业的快速发展，并非孤立存在的现象，而是与其他产业形成了紧密相连、相互促进的良性互动关系。一方面，信息产业的繁荣为其他产业提供了先进的技术手段与高效的信息化解决方案，推动了这些产业的信息化进程与产业升级。另一方面，其他产业对信息化技术的需求与应用，又为信息产业提供了广阔的市场空间与发展机遇，促进了信息产业的持续繁荣与技术创新。

因此，信息化的发展不仅带动了信息产业的快速增长，更通过产业间的相互渗透与融合，构建了一个多元化、开放性的产业生态系统。在这个生态系统中，不同产业之间相互依存、相互促进，共同推动着经济的高质量发展与社会的全面进步。

（二）发展特征

1. 信息的网络化

在信息化时代的浩瀚图景中，信息的网络化无疑是其最为鲜明且基础的特征之一，它深刻重塑了信息交流的方式与格局。这一特征的核心在于，随着网络技术的日新月异与广泛应用，信息不再局限于传统的物理空间或单一载体，而是以一种前所未有的速度与广度，在由互联网等网络平台编织而成的全球信息网络中自由穿梭、快速传播与广泛共享。

具体而言，信息的网络化体现在多个维度。

首先，从物理层面看，互联网如同一条无形的信息高速公路，将世界各地的计算机、服务器、智能终端等设备紧密相连，形成了一个庞大而复杂的网络体系。这一体系打破了地域限制，使得信息能够跨越国界、穿越时区，实现即时传递与同步更新。

其次，从逻辑层面分析，信息的网络化还体现在信息内容的数字化与标准化上。随着数字技术的普及，文字、图片、音频、视频等各种形式的信息都被转化为统一的数字编码，这不仅方便了信息的存储与处理，也为信息的网络化传播提供了可能。同时，一系列国际标准的制定与实施，确保了不同系统、不同平台之间的信息能够无障碍地交流与共享。

此外，信息的网络化还促进了信息资源的优化配置与高效利用。在网络环境下，信息不再是孤立的、静态的存在，而是成为一个动态变化的、相互关联的整体。通过数据挖掘、云计算等先进技术，人们可以轻松地获取、整合与分析海量信息，从而发现隐藏在数据背后的规律与趋势，为决策制定、科学研究、产业创新等领域提供有力支持。

综上所述，信息的网络化不仅是信息化时代的基本特征之一，更是推动社会进步与发展的重要力量。它不仅改变了人们获取信息的方式与习惯，更在促进知识传播、文化交流、经济繁荣等方面发挥着不可替代的作用。随着网络技术的不断发展与普及，我们有理由相信，信息的网络化将在未来展现出更加广阔的应用前景与无限的发展潜力。

2. 信息的智能化

作为信息化时代深刻变革的标志性特征之一，信息的智能化不仅重塑了数据处理与应用的边界，更引领着社会生产、生活方式乃至思维模式的全面革新。这一进程的核心，在于运用前沿技术如人工智能（AI）、大数据、云计算、机器学习等，对庞杂无序的海量信息进行高效、精准的深度挖掘与智能分析。

具体而言，人工智能技术的应用使得计算机能够模拟、延伸和扩展人的智能，通过自然语言处理、图像识别、语音识别与合成等技术，实现对信息的自动化理解和处理。这一过程超越了传统信息检索的局限性，能够深入理解信息的上下文关系、情感倾向及潜在价值，从而提取出更为精准、有洞察力的知识和见解。

大数据技术的加入，则为信息的智能化处理提供了坚实的基础。通过收集、存储、管理来自各个领域的海量数据，大数据技术能够揭示数据之间的复杂关联和潜在规律，为决策提供全面、客观的数据支持。结合强大的计算能力，大数据平台能够实时分析数据变化，预测未来趋势，帮助企业、政府及个人用户做出更加科学、合理的决策。

此外，机器学习作为人工智能的一个重要分支，通过让计算机系统自动学习并改进算法，无须明确编程即可提升信息处理的效率和准确性。这一过程不仅减少了人工干预，还促进了信息智能化处理的持续优化和自我进化，使得信息处理系统能够不断适应新的应用场景和需求变化。

综上所述，信息的智能化不仅极大地提升了信息处理的效率和质量，更为社会各领域带来了前所未有的发展机遇。它使得决策更加科学、精准，促进了资源的优化配置和高效利用，同时也为创新创造提供了源源不断的动力。随着技术的不断进步和应用场景的持续拓展，信息的智能化必将在未来发挥更加重要的作用，引领我们迈向一个更加智慧、高效、可持续发展的新时代。

（三）其他重要特征

1. 普遍性和层次性

信息化具有普遍性，这一特性深刻体现了信息技术在现代社会中的广泛渗透与融合。它不仅仅局限于某一特定领域或行业，而是如同一张无形的网络，覆盖并渗透至人类活动的每一个角落。从日常生活的衣食住行，到国家层面的政治、经济、文化、教育、医疗等各个领域，信息化都以其独特的方式发挥着不可替代的作用。这种普遍性不仅改变了人们的生活方式，也深刻影响了社会结构、经济发展模式以及全球治理体系。

与此同时，信息化的层次性则揭示了信息技术在不同领域、不同群体中的渗透程度和应用水平所存在的差异。这种差异并非由技术本身所决定，而是受到多种复杂因素的共同影响，其中最为关键的是需求和社会经济基本条件。一方面，不同领域、不同行业对于信息技术的需求各不相同，这种需求差异直接决定了信息技术在该领域的渗透深度和应用广度。例如，在科技研发领域，对于高精度、高效率的信息处理需求推动了高性能计算、大数据分析等技术的快速发展；而在农业领域，则更加注重信息技术的实用性和易用性，以便更好地服务于农业生产和管理。

另一方面，社会经济基本条件也是影响信息化层次性的重要因素。不同国家和地区在经济发展水平、产业结构、教育水平、政策支持等方面存在差异，这些差异直接影响了信息技术的普及程度和应用效果。在经济发展水平较高的地区，由于拥有更加完善的基础设施、更加丰富的资源和更加开放的市场环境，信息技术的普及和应用往往更加广泛和深入；而在经济相对落后的地区，则可能面临技术普及难度大、应用效果有限等挑战。

因此，信息化的层次性提醒我们，在推动信息化发展的过程中，需要充分考虑不同领域、不同群体的实际需求和社会经济条件，采取有针对性的措施和策略，以促进信息技术的均衡发展和广泛应用。同时，也需要加强国际合作与交流，共同应对信息化发展面临的挑战和问题，推动全球信息化进程向更高水平迈进。

2. 基础性和外部效应

信息化最终目标是造就一个基于信息网络的经济、社会发展模式。信息化过程就是将社会、经济活动逐步地"移植"到新型的网络基础设施上去，形成网络型经济、网络型社会。网络具有外部效应，用的人愈多，"移植"的活动范围愈广，效益就愈大。

基础性与外部效应，作为信息化进程中的两大核心特征，共同塑造了一个全新的经济与社会发展蓝图。信息化不仅仅是一项技术的革新，更是一场深刻的变革，其最终目标在于构建一个全面依赖信息网络支撑的经济体系与社会结构。这一目标的实现，离不开信息化所具备的基础性地位及其产生的广泛外部效应。

信息化之所以被视为现代社会发展的基石，是因为它为经济、政治、文化等各个领域提供了强有力的技术支持和基础设施。信息网络如同现代社会的神经系统，将海量的数据、信息、知识高效、快速地传递至每一个角落，使得各类资源得以优化配置，生产效率显著提升。此外，信息化的基础性还体现在它对社会成员素质的提升上，随着信息技术的普及和应用，人们的思维方式、学习方式、工作方式乃至生活方式都发生了深刻变化，这种变化为社会的整体进步奠定了坚实的人才基础。

信息化过程中的网络外部效应，是一种独特的经济现象，它强调了信息网络的价值随着用户数量的增加而呈现出非线性增长的趋势。简单来说，就是当更多人加入信息网络中进行信息共享、交流互动时，整个网络系统的价值就会远超单个用户价值的简单相加。这种外部效应体现在多个方面：首先，它促进了信息的快速传播与广泛共享，降低了信息获取的成本，提高了信息使用的效率；其次，它激发了创新活力，促进了新技术、新产品、新业态的不断涌现；最后，它加强了社会成员之间的联系与合作，推动了社会结构的优化与升级。

因此，在信息化进程中，我们应当充分认识到其基础性和外部效应的重要性。一方面，要持续加强信息网络基础设施建设，提升信息技术的应用水平，为经济社会的全面发展提供坚实的支撑；另一方面，要充分利用网络的外部效应，鼓励更多社会成员参与到信息化建设中来，共同推动信息网络的繁荣与发展，最终实现经济社会的全面转型升级。

3. 虚拟性和成本效应

信息化是基于数字化、网络化技术的应用，其结果将导致信息与其产生源相分离，形成映射物理实体的虚拟空间。这不仅有利于信息的远距离传播，也使其复制、利用成本大大降低。

信息化，这一时代浪潮的核心驱动力，根植于数字化与网络化技术的深度融合与广泛应用。这一进程不仅标志着人类社会向更高层次的信息文明迈进，还深刻地改变了信息存在与传播的形态，引领我们步入一个前所未有的虚拟与现实交织的新纪元。

数字化，作为信息化的基石，通过将现实世界中的物理实体、过程及现象转化为可测量、可存储、可处理的数字形式，为信息的无限复制、高速传输与智能处理提供了可能。这一过程打破了信息与其原始产生源之间的物理束缚，使得信息能够跨越时间与空间的限制，自由流动于数字世界之中。

网络化技术的迅猛发展，则进一步构建了信息互联互通的桥梁。它以互联网为核心，通过各类网络协议与标准，将全球范围内的计算机、服务器、传感器、智能终端等设备紧密相连，形成了一个庞大而复杂的信息网络体系。在这个体系中，信息不再是孤立存在的数据点，而是被编织成一张错综复杂的网络，实现了信息资源的共享与协同。

信息化所带来的最显著变化之一，便是信息与其产生源之间的分离。随着数字化与网络化技术的深入应用，现实世界中的物理实体被映射到虚拟空间中，形成了与之对应的虚拟表示。这种映射不仅保留了物理实体的关键特征与属性，还赋予了其超越物理限制的能力，如无限复制、即时传输、智能分析等。这种虚拟空间的形成，极大地拓宽了信息的应用场景与价值边界，为经济社会发展注入了新的活力。

具体而言，信息与其产生源的分离有利于信息的远距离传播。在信息化时代，无论身处何地，只要接入互联网，就能轻松获取来自全球各地的信息资源。这种无界限的信息流动促进了知识的普及、文化的交流与思想的碰撞，加速了全球化进程。同时，信息的复制与利用成本也大大降低。数字化技术使得信息可以被轻易地复制与存储，而网络化技术则使得信息的分发与共享变得前所未有的便捷与高效。这大大降低了信息获取与利用的门槛，使得更多人能够享受到信息带来的便利与价值。

4. 共享性和效益最大化

信息化的本质，深刻而广泛地体现在对信息与知识资源的深度整合与高效共享上。这一过程，不仅是对传统信息传播模式的根本性变革，更是人类智慧与文明传承方式的飞跃。现代信息技术，作为这一变革的核心驱动力，以其强大的数据处理能力、高速的传输效率以及广泛的覆盖范围，为信息和知识的高度共享搭建了坚实的平台。

在这一平台上，信息网络如同一张无形的网，将世界各地的个体、组织乃至国家紧密相连，使得信息流通的壁垒被逐步打破，形成了一个开放、协同、共享的信息生态。这种生态环境下，信息共享不再局限于单一部门或地区内部，而是跨越了传统的界限，实现了跨部门、跨地区乃至跨国界的广泛交流与合作。这种社会性的共享机制，极大地提升了信息资源的利用效率，促进了知识创新与技术进步，为经济社会发展注入了强劲动力。

信息共享的深化，不仅有助于消除信息孤岛，减少重复劳动与资源浪费，还能够促进不同领域之间的知识融合与思想碰撞，激发新的创意与灵感。例如，在医疗领域，通过共享患者病历、医疗研究成果等信息，可以加速新药的研发与临床应用的进程；在教育领域，优质教育资源的共享则能够打破地域限制，让偏远地区的孩子也能享受到高质量的教育资源。

综上所述，信息化的特征是多维度、多层次且相互交织的。它们包括但不限于信息的高度共享性、技术的先进性、网络的广泛覆盖性、应用的创新性以及效益的显著提升等。这些特征不仅各自独立地发挥作用，更在相互关联与促进中共同推动着信息化进程不断向前发展。在这个过程中，我们见证了信息技术的日新月异，也感受到了信息化带来的深刻变革与无限可能。

二、信息社会的特征

信息社会的特征可以从如下几个维度来阐述：

（一）经济领域特征

1.信息成为关键资源

在信息社会这一全新发展阶段，信息资源的价值被无限放大，它不仅是连接社会各领域的桥梁，更是推动社会进步与经济发展的核心驱动力。信息的获取速度、处理效率以及应用能力，直接反映了一个国家或地区在全球化竞争中的综合实力与创新能力。企业、政府及科研机构纷纷加大对信息技术的投资，构建完善的信息系统，以实现对市场动态的敏锐洞察、对客户需求的精准把握以及对资源配置的高效优化。信息资源的有效整合与利用，已成为衡量一个国家或地区经济活力与未来发展潜力的重要标志。

2.知识经济成为主导

随着信息技术的飞速发展与普及，知识经济作为信息社会的主导经济形态，其影响力日益凸显。知识不再是简单的信息积累，而是经过创新加工后能够产生新价值的知识体系。这种以知识为核心的生产要素，不仅促进了产品与服务的不断创新，还推动了产业结构的优化升级。在知识经济时代，创新能力成为衡量企业乃至国家竞争力的关键因素，通过知识创新、技术创新和管理创新，不断开拓新的经济增长点，实现经济的持续健康发展。

3. 产业结构转变

信息社会的产业结构经历了深刻的变革，呈现出由传统制造业向服务业和高新技术产业转型升级的明显趋势。制造业虽然仍是经济的重要组成部分，但其发展模式已逐渐向智能化、绿色化、服务化方向转变。与此同时，以信息技术为核心的高新技术产业迅速崛起，成为经济增长的新引擎。信息和知识产业，如软件开发、数据处理、云计算、物联网等，凭借其高附加值、低能耗、高成长性的特点，占据了经济体系的主导地位，引领着产业结构的优化升级。

4. 劳动力结构变化

在信息社会背景下，劳动力结构也发生了显著变化。随着信息技术的广泛应用，对信息职业人才的需求急剧增加，如数据分析师、网络工程师、软件开发者等职业岗位不断涌现，吸引了大量高素质人才的加入。这些信息职业不仅要求从业者具备扎实的专业知识，还需要具备良好的创新能力、学习能力和团队协作能力。因此，信息劳动者和脑力劳动者的比重日益增大，成为劳动力市场的主体力量。同时，传统行业的劳动力结构也在逐步调整，以适应信息化、智能化的生产要求。

5. 能源消耗低、污染少

信息技术的应用对于促进经济向绿色、可持续方向发展具有重要意义。一方面，通过智能化、精细化的生产管理，可以显著提高资源利用效率，降低能源消耗；另一方面，信息技术还可以帮助企业和政府实现环境监测、污染预警和治理等目标，有效减少环境污染。此外，信息技术还推动了清洁能源和环保技术的研发与应用，为经济社会的可持续发展提供了有力支撑。因此，在信息社会中，经济发展与环境保护之间的矛盾得到了有效缓解，实现了经济效益与环境效益的双赢。

（二）社会与文化生活特征

1. 信息技术的全面渗透与深度融合

在信息社会中，信息技术的触角已深入社会的每一个角落，从个人日常的衣食住行到国家层面的战略规划，无一不体现着信息技术的身影。计算机技术、网络技术、通信技术以及人工智能、大数据、云计算等前沿科技的融合应用，不仅极大地提升了生产效率，还深刻地改变了人们的生活方式。从智能家居到智慧城市，从在线教育到远程医疗，社会生活的计算机化、自动化已成为不可逆转的趋势，极大地提升了人们的生活品质与便利度。①

2. 网络化与虚拟化的深度交织

互联网的普及与发展，不仅构建了一个全球性的信息交流平台，更将现实世界与虚拟世界紧密相连。网络化、虚拟化不再仅仅是技术概念，而是成为信息社会不可或缺的生活方式。人们可以在虚拟空间中自由交流思想、分享知识、体验文化，这种跨越时空的交互方式极大地拓宽了人们的社交圈子和文化视野。同时，虚拟现实（VR）、增强现实（AR）等技术的兴起，更是让人们在虚拟与现实之间自由穿梭，享受前所未有的沉浸式体验。

3. 生活模式与文化创新的无限可能

在信息社会的多元化、个性化浪潮中，每个人的生活都充满了无限可能。从定制化的服装、家居到个性化的音乐、电影推荐，信息技术让每个人都能根据自己的喜好和需求来塑造独一无二的生活方式。这种个性化趋势不仅体现在物质层面，更深入精神文化层面。人们不再满足于被动接受大众文化产品，而是更加倾向于参与文化创作、表达个人见解，从而推动了文化创新的蓬勃发展。

4. 远程通信与数据中心的全球联动

信息社会的远程通信网络系统如同一张巨大的网，将世界各地紧密相连。高速、稳定的网络环境使得远程办公、远程教育、远程医疗等成为现实，极大地提高了社会运行效率和人们的生活质量。同时，遍布全球的数据中心作为信息社会的"大脑"，负责处理、存储和传输海量数据，为各行各业的决策分析提供了强大的支持。这些数据中心不仅具备高效的数据处理能力，还通过云计算、边缘计算等技术实现了资源的优化配置和服务的即时响应。

---

① 彭琦. 社会信息化背景下个人隐私保护的伦理审视 [D]. 衡阳：南华大学，2022：10.

（三）全球化趋势加强

1.国际信息交流的无界融合

在信息社会的大背景下，全球化趋势以前所未有的速度向前推进。国际信息交流与合作不再受到地理、政治等因素的限制，呈现出无界融合的特点。跨国公司、国际组织等在全球范围内开展业务活动，不仅促进了商品、资本、技术的自由流动，还推动了文化、教育、医疗等领域的交流与合作。这种全球化的信息交流与合作不仅有助于增进各国人民之间的相互理解和友谊，还促进了全球经济一体化和文化多样性的发展。

2.跨国贸易与全球贸易的繁荣兴盛

随着信息技术的不断发展与普及，跨国贸易和全球贸易已成为信息社会的主流贸易形式。电子商务、跨境支付等新型贸易方式的出现极大地降低了贸易门槛和成本，使得中小企业和个人也能参与到全球贸易中来。这种贸易形式的变革不仅促进了全球经济的快速增长和繁荣兴盛，还推动了全球贸易的便利化和高效化。同时，全球贸易的繁荣也为各国提供了更多的发展机遇和市场空间，促进了全球经济的共同繁荣和发展。

三、教育信息化的特征

教育信息化的特征可以从技术层面和教育层面两个维度来阐述。

（一）技术层面的特征

1.数字化：重塑教育资源的形态

数字化不仅仅是简单的信息转换过程，它更是教育信息技术系统现代化的基石。这一特征使得教育资源以二进制代码的形式存在，实现了从纸质书籍到电子文档、从模拟信号到数字信号的飞跃。① 数字化教育资源不仅占用空间小、易于备份，还具备高度的可编辑性和可扩展性，为教育内容的即时更新与个性化定制提供了无限可能。此外，云存储、大数据等技术的应用，更是让教育资源的存储、

---

① 任丽婵.教育信息化背景下高等教育高质量发展路径探索 [J].中国高校科技，2024（3）：111.

管理和检索变得前所未有的高效与便捷。

2. 网络化：跨越时空的教育交流

网络化的普及，构建起了一个无界的学习社区。互联网如同一条无形的纽带，将全球的教育资源紧密相连，无论身处何地，只要有网络接入，就能享受到优质的教育资源和服务。这种超越物理限制的学习方式，极大地拓宽了学习者的视野，促进了不同文化背景之间的知识交流与融合。同时，网络化的学习环境还为学生提供了更多自主探索和协作学习的机会，培养了他们的创新能力和团队合作精神。

3. 智能化：个性化教学的催化剂

智能化技术的应用，使得教育信息系统具备了更加灵活和智能的决策能力。通过数据分析与挖掘，系统能够精准识别学生的学习风格和进度，为他们提供量身定制的学习路径和资源。智能推荐系统、自适应学习平台等工具的兴起，更是让个性化教学成为可能。此外，智能化系统还能辅助教师进行学情分析、教学评估等工作，有效提升了教学质量和效率。

4. 多媒体化：丰富教学手段的利器

多媒体化以其直观、生动的特点，为传统教育模式注入了新的活力。通过文字、图像、音频、视频等多种媒体的有机结合，教学内容得以更加生动形象地展现给学生。这种多元化的信息表征方式，不仅激发了学生的学习兴趣和好奇心，还帮助他们更好地理解和记忆所学知识。同时，虚拟现实（VR）、增强现实（AR）等技术的引入，更是为学生创造了一个沉浸式的学习环境，让他们能够在虚拟世界中亲身体验和探索知识的奥秘。

（二）教育层面的特征

1. 开放性：构建全民学习的社会

开放性的教育理念打破了传统教育的封闭格局，推动了教育向社会化、终身化、自主化方向发展。随着在线教育平台、开放课程资源（OER）等资源的不断涌现，学习不再受年龄、职业、地域等因素的限制，每个人都可以根据自己的兴趣和需求随时随地进行学习。这种开放性的教育模式不仅促进了教育资源的普及和共享，还为社会培养了更多具有终身学习能力和创新精神的人才。

2. 共享性：促进教育公平的重要手段

共享性是教育信息化的核心价值之一。通过数字化和网络化的手段，优质的教育资源得以跨越地域、经济等障碍，为广大学习者所共享。这种共享性不仅缓解了教育资源分布不均的问题，还促进了教育资源的优化配置和合理利用。同时，共享性还促进了教育观念的转变，让更多人认识到教育是一种公共资源，应该为全社会所共享。

3. 交互性：增强学习体验的关键

交互性是教育信息化区别于传统教育的重要特征之一。通过在线平台和工具提供的丰富交互功能，教师和学生、学生和学生之间可以实现即时或异步的交流和讨论。这种交互性不仅增强了学生的学习参与度和积极性，还促进了他们之间的思想碰撞和观点交流。同时，交互性还为学生提供了更多的自我表达和展示的机会，有助于培养他们的沟通能力和自信心。

4. 协作性：培养团队精神的桥梁

协作性是教育信息化时代对教育过程提出的新要求。在信息化环境下，教育过程不再是一个孤立的过程，而是一个需要多方协作和共同参与的过程。通过团队协作和分工合作，学生可以共同完成一些复杂的学习任务和项目。这种协作性不仅有助于提高学生的学习效果和能力，还培养了他们的团队合作精神和解决问题的能力。同时，协作性还促进了师生之间的沟通和理解，构建了更加和谐融洽的师生关系。

综上所述，教育信息化的特征体现在技术层面和教育层面两个维度上。这些特征相互关联、相互促进，共同推动了教育信息化的深入发展和广泛应用。

第二节　对大学生道德教育内容的挑战

在信息化时代背景下，大学生道德教育内容面临着多方面的挑战。这些挑战不仅来源于信息社会的快速发展，也与学生群体的变化和教育环境的变迁密切相关。

一、信息多元化与复杂性带来的挑战

（一）信息过载与筛选难度增加

信息化时代，信息来源的多元化导致大学生每天接触到的信息量极大。然而，并非所有信息都是有益的，其中夹杂着大量虚假、负面甚至有害的信息。这要求大学生在海量信息中进行有效筛选和甄别，但部分学生可能缺乏足够的信息素养和批判性思维能力，容易受到不良信息的影响。

信息化时代，随着科技的迅猛发展和互联网的普及，信息来源的多元化达到了前所未有的程度。大学生，作为这一时代的活跃群体，每日置身于一个信息爆炸的环境中，接触到的信息量之巨大，几乎难以用数字来衡量。这些信息不仅来源于传统的书籍、报纸、电视等媒体，更广泛地涵盖了社交媒体、在线论坛、博客、短视频平台以及各类专业数据库和学术网站。这种信息渠道的多样化，无疑极大地拓宽了大学生的视野，使他们能够迅速获取到世界各地的最新资讯和前沿知识。然而，值得注意的是，在这浩瀚的信息海洋中，并非所有的信息都是准确、积极且有益的。相反，其中混杂着大量虚假信息、误导性内容、负面报道甚至是有害信息。这些信息可能出于各种目的被制造和传播，包括但不限于商业利益、政治操弄、恶作剧或是恶意攻击等。这些不良信息的存在，不仅可能误导大学生的认知，影响他们的判断力，还可能对他们的心理健康造成负面影响，甚至引发社会信任危机。

因此，面对如此庞大的信息量，大学生必须具备有效的信息筛选和甄别能力。这要求他们不仅要掌握一定的信息技术和工具，如搜索引擎、信息聚合平台等，以便快速定位所需信息；更重要的是，他们需要培养起良好的信息素养和批判性思维能力。信息素养不仅包括信息检索、获取、评价和利用的能力，还涉及对信息伦理和信息安全的认知。而批判性思维能力则是指能够独立思考、理性分析、辨别真伪、评估价值并做出合理判断的能力。然而，现实情况却不容乐观。部分大学生由于长期生活在信息过载的环境中，加之缺乏系统的信息素养教育和训练，可能难以应对这种挑战。他们可能缺乏足够的耐心和细心去仔细甄别每一条信息的真伪和价值；也可能因为缺乏批判性思维而轻易接收或传播未经证实的信息。这样一来，他们不仅容易受到不良信息的影响，还可能成为不良信息的传播者，进一步加剧信息污染和误导的风险。

高校和教育工作者应当高度重视大学生信息素养和批判性思维能力的培养。通过开设相关课程、举办讲座和研讨会、组织实践活动等方式，引导大学生树立正确的信息观念和价值观，掌握必要的信息技能和工具，提高他们的信息筛选和甄别能力。同时，还需要加强网络监管和舆论引导工作，营造清朗的网络空间环境，为大学生的健康成长提供有力保障。

（二）价值观冲突与困惑

在多元化的信息环境中，不同的文化和价值观相互碰撞，给大学生的思想观念带来冲击。部分学生可能因缺乏坚定的信仰和正确的价值观导向，在面对多种思想文化和价值观念时感到困惑和迷茫，甚至产生价值观混乱的现象。

在当今这个全球化的信息化时代，信息如潮水般涌来，不仅数量庞大，而且内容多样，承载着来自世界各地的不同文化和价值观。这种多元化的信息环境，如同一个色彩斑斓而又错综复杂的迷宫，让身处其中的大学生们不得不面对前所未有的价值观冲突与困惑。

首先，各种文化和价值观的相互碰撞，如同不同色彩的颜料在画布上交织，既丰富了大学生们的视野，也带来了深刻的冲击。传统与现代、东方与西方、本土与国际，多种价值观念在同一时空下共存，让大学生们在享受文化多样性的同时，也不得不面对它们之间的分歧与冲突。这种冲突不仅体现在对事物看法的不同上，更深刻地触及人生观、世界观和价值观等核心层面，使得大学生们在思想观念的构建上面临巨大挑战。

其次，部分学生由于成长环境、教育背景或个人经历等原因，可能尚未形成坚定的信仰和正确的价值观导向。在面对如此纷繁复杂的思想文化和价值观念时，他们往往感到无所适从，难以做出明智的选择。这种迷茫和困惑不仅影响了他们的学业和社交，更可能对他们的心理健康和未来发展产生深远影响。在价值观的混乱中，他们可能会感到自我价值的迷失，对人生目标和意义产生怀疑，甚至陷入消极和颓废的情绪之中。

为了应对这种价值观冲突与困惑，大学生们需要积极寻求解决方案。一方面，他们可以通过广泛阅读、深入思考、参加学术讨论等方式，增强自己的文化素养和批判性思维能力，学会在多元价值观中做出独立判断。另一方面，他们也可以寻求师长、朋友或心理咨询师的帮助，分享自己的困惑和感受，获得情感支持和专业指导。同时，高校和社会也应该加强对大学生价值观教育的重视，通过开设相关课程、举办讲座和实践活动等方式，引导大学生树立正确的世界观、人生观和价值观，为他们的健康成长和未来发展奠定坚实基础。

二、教育内容时效性与更新速度的挑战

（一）滞后于社会发展

传统的道德教育内容往往基于一定的历史背景和时代条件，难以完全适应信息化时代的社会发展需求。随着社会的快速发展和变革，新的社会现象、问题和挑战不断涌现，而教育内容却未能及时更新和补充，导致教育内容与现实脱节。

传统的道德教育内容，作为塑造个体思想观念、道德品质及社会责任感的重要载体，其根基深深扎植于特定的历史土壤与时代脉络之中。这种历史性和时代性的烙印，虽然赋予了教育内容深厚的文化底蕴和时代价值，但在面对日新月异、信息爆炸的当代社会时，也显现出了其局限性。信息化时代的到来，不仅极大地丰富了信息的获取渠道和传播方式，更深刻地改变了人们的生活方式、思维方式

乃至价值观念，这对传统的道德教育内容提出了前所未有的挑战。

在信息化时代背景下，社会结构快速变迁，经济形态多元发展，文化交流日益频繁，随之而来的是一系列新颖而复杂的社会现象、问题以及挑战。比如，网络空间的兴起使得虚拟与现实交织，网络舆论的引导力不容忽视；全球化趋势下的文化交流与碰撞，让多元价值观并存，个体的价值选择更加多样；科技进步带来的伦理道德问题，如人工智能的伦理边界、隐私保护等，亟待思考与解答。然而，面对这些新兴议题，传统的道德教育内容往往显得力不从心，因为它们大多聚焦于过往的经验与教训，对于新兴社会现象的解读和应对策略缺乏及时性和针对性。

此外，教育内容的滞后还体现在与受教育者实际需求的不匹配上。在信息化社会中成长的年轻一代，他们获取信息的能力强、视野开阔、思维活跃，对于教育内容的期望也更加多元化和个性化。他们渴望通过教育了解并解决自己生活中的实际问题，而不是仅仅接受一套既定的价值观念和知识体系。因此，当教育内容无法紧跟时代步伐，满足他们的学习需求时，就难以激发他们的学习兴趣和动力，甚至可能引发对教育本身的质疑和抵触。

综上所述，传统的道德教育内容在信息化时代面临着教育内容与现实脱节、难以满足社会需求和学生期望的双重困境。为了克服这些困境，我们需要不断探索和创新，将新的社会现象、问题和挑战纳入教育内容之中，使其更加贴近时代、贴近生活、贴近学生，从而发挥道德教育在引领社会风尚、塑造时代新人方面的独特作用。

（二）难以满足学生需求

大学生作为新时代的青年群体，对新知识、新思想和新观念具有高度的敏感性和关注度。他们希望道德教育能够紧密联系实际，解答他们的疑惑和关切。然而，由于教育内容的滞后性，往往难以满足学生的实际需求，导致学生的学习兴趣和积极性下降。

大学生，作为承载着国家未来与希望的新时代青年群体，他们身处信息爆炸的时代洪流中，每日被海量的新知识、前沿的新思想以及颠覆性的新观念所包围。

这种环境赋予了他们对未知世界无尽的好奇心和探索欲，使他们对于能够启迪智慧、引领思潮的内容保持着高度的敏感性和迫切的关注度。他们渴望通过不断学习，拓宽视野，深化思考，以更加开放和包容的心态去拥抱这个日新月异的时代。

在道德教育领域，学生们期待的不再是空洞的理论说教或远离生活的抽象概念，而是能够紧密联系社会现实，深入剖析当下热点问题，解答他们内心困惑与疑虑的教育内容。他们希望道德教育能够成为一座桥梁，连接起理论与实践，帮助他们更好地理解社会现象背后的逻辑，认清个人发展与社会进步之间的紧密联系。

然而，面对学生日益增长的需求与期待，传统道德教育模式在某种程度上显现出了其局限性。教育内容的滞后性，即教材内容未能及时反映社会最新动态、科技进步以及价值观念的变化，成为教育行业发展中的一大瓶颈。这种滞后不仅削弱了教育的时效性和针对性，更难以触及学生内心深处真正的关切与需求，从而导致了学生学习兴趣的减退和积极性的下降。

为了破解这一难题，教育工作者需要不断创新道德教育的方式方法，增强教育的时代感和吸引力。一方面，要紧密关注社会发展趋势，及时更新教育内容，确保教学素材的鲜活性和前沿性；另一方面，要积极探索互动式、体验式、案例式等多样化的教学模式，激发学生的学习兴趣，提升他们的参与度和获得感。同时，还应加强对学生个性化需求的关注，通过个性化教学、辅导答疑等方式，为学生提供更加精准、有效的学习支持，帮助他们解决成长过程中的困惑与挑战。

三、教育环境开放性与全球性的挑战

（一）跨文化交流的需求

信息化时代的到来，如同一股不可阻挡的洪流，深刻地重塑了教育领域的面貌，使得教育环境变得前所未有地开放与全球化。在这个时代，互联网的普及如同一扇扇无形的窗，为学生们打开了通往世界的广阔视野。他们不再受限于地域的界限，而是能够轻松地跨越国界，通过互联网这一强大的媒介，接触到来自不

同国家和地区丰富多彩的文化、深邃多元的思想以及各异的价值观。这种跨越时空的交流与碰撞，不仅极大地丰富了学生的精神世界，也促使他们更加深刻地认识到世界的多样性和复杂性。

面对如此多元的文化交融，大学生作为未来社会的中坚力量，被赋予了新的使命与挑战——即必须具备跨文化交流和理解的能力。这不仅是对他们个人素养的提升要求，更是适应全球化时代发展趋势的必然选择。跨文化交流能力意味着能够跨越语言和文化的障碍，以开放包容的心态去倾听、理解并尊重不同文化背景下的观念与行为；同时，也需要在交流中展现自己的文化特色与价值观，促进文化的相互理解和尊重。

然而，值得注意的是，尽管全球化教育环境为学生提供了丰富的跨文化交流机会，但并非所有学生都能轻松应对这一挑战。部分学生在跨文化交流方面确实存在不足，他们可能因语言障碍、文化背景差异、思维方式不同等原因，难以有效应对不同文化和价值观的碰撞。这种不足可能导致他们在国际交流中感到困惑、不安甚至抵触，进而限制了他们的视野拓展和全球视野的形成。

因此，高校在推进教育国际化的进程中，应高度重视并着力提升学生的跨文化交流能力。通过开设跨文化交流课程、组织国际交流活动、加强语言培训等多种方式，帮助学生打破文化壁垒，增强文化自信，提升跨文化沟通与合作的能力。同时，还应引导学生树立全球视野和开放心态，鼓励他们积极拥抱多元文化，成为具有国际竞争力和社会责任感的新时代青年。

（二）文化自信与价值观认同的挑战

在全球化的宏大背景下，世界如同一座紧密相连的地球村，不同文化和价值观的交流与碰撞变得日益频繁且深刻。这种全球性的交融不仅促进了文化多样性的繁荣，也为大学生的思想世界带来了前所未有的冲击与挑战。面对纷繁复杂的外来文化和多样化的价值观念，大学生们需要在保持开放心态、拥抱世界的同时，坚守并强化自身的文化自信和价值观认同，以免在文化的洪流中迷失方向，甚至被某些不良的外来文化所侵蚀。

　　文化自信，是一个民族、一个国家以及每一个个体对自身文化价值的充分肯定和积极践行，它深植于历史传统之中，又随着时代的发展而不断焕发新的生机与活力。对于大学生而言，文化自信不仅是对中华优秀传统文化的自豪感，更是对中国特色社会主义文化的认同与坚守。在全球化的浪潮中，大学生应当自觉承担起传承和弘扬中华文化的使命，通过深入学习和理解中华文化的精髓，增强对本土文化的认同感和归属感，从而在多元文化的冲击下保持定力，不失自我。

　　而价值观认同，则是个人在社会生活中形成的对某一价值体系或观念体系的认可和接受。对于大学生来说，正确的价值观认同是他们成长成才的重要基石。在全球化的影响下，各种价值观念交织碰撞，如何在这种复杂环境中树立正确的世界观、人生观和价值观，成为大学生必须面对的重要课题。因此，大学生道德教育必须加强对大学生的价值观认同教育，引导他们坚定理想信念，树立正确的道德观念和价值取向，以抵御不良文化的侵袭，保持心灵的纯净与高尚。

　　加强文化自信和价值观认同教育已成为大学生道德教育不可或缺的重要内容。高校应通过丰富多样的教育形式和实践活动，如开设文化课程、举办文化交流活动、组织社会实践等，引导大学生深入了解中华文化的博大精深和中国特色社会主义文化的独特魅力，增强他们的文化自觉和文化自信；同时，也应加强价值观教育，帮助大学生树立正确的世界观、人生观和价值观，为他们的全面发展奠定坚实的思想基础。

　　综上所述，大学生道德教育内容在信息化时代背景下面临着多方面的挑战。为了应对这些挑战，高校和思政教师应积极创新教育内容和形式，加强信息素养和价值观教育，提高教育内容的实效性和针对性，同时注重培养学生的跨文化交流能力和文化自信。

第三节　对大学生道德教育方式变革的影响

一、线上教育平台的兴起与应用

近年来，随着互联网技术的飞速发展，线上教育平台在全球范围内迅速崛起并广泛应用。这些平台不仅提供了丰富多样的在线课程和学习资源，还通过视频、音频、互动直播、虚拟现实等多种技术手段，为学生创造了更加生动、灵活和个性化的学习环境。线上教育平台的兴起，极大地打破了传统教育的时空限制，使得学习不再受地域、时间等因素的束缚，为教育模式的创新提供了无限可能。

（一）教育资源的丰富与共享

线上教育平台的兴起，使得大学生道德教育能够充分利用互联网上的海量资源。高校可以通过线上平台引入国内外优秀的道德教育课程、讲座和案例，让学生接触到更广泛、更深入的教育内容。同时，学生也可以根据自己的兴趣和需求，自主选择学习材料和进度，实现个性化学习。这种资源的丰富与共享，不仅拓宽了学生的知识视野，也提高了他们的学习积极性和自主性。

线上教育平台的蓬勃兴起，正以前所未有的方式重塑着大学生道德教育的格局，使得这一领域能够深度拥抱互联网的无限可能，充分挖掘并利用其上的海量教育资源。这些平台，如同知识的海洋，汇聚了全球范围内顶尖的教育智慧与成果，为大学生道德教育提供了前所未有的丰富性与多样性。

高校作为教育的主阵地，积极响应时代潮流，通过线上平台这一桥梁，广泛引入国内外优秀的道德教育课程、高端讲座以及生动案例。这些资源不仅涵盖了传统道德教育的核心内容，如马克思主义理论、中国特色社会主义理论体系等，还融入了时代新元素，如网络伦理、全球化视野下的价值观碰撞等，使得教育内容更加贴近学生实际，更具时代感和吸引力。学生只需轻点鼠标，便能跨越地域界限，聆听来自世界各地的名师授课，感受不同文化背景下的思想碰撞，从而获得更加全面、深入的学习体验。

与此同时，线上教育平台还赋予了学生前所未有的学习自主权。在传统教育模式下，学生的学习材料和进度往往由教师统一规划，难以满足每个学生的个性化需求。而在线上平台，学生可以根据自己的兴趣、能力和学习节奏，自由选择适合自己的学习材料和进度，实现真正的个性化学习。这种学习方式不仅激发了学生的内在学习动机，提高了他们的学习积极性和自主性，还培养了他们的自主学习能力、批判性思维和创新能力，为他们的全面发展奠定了坚实基础。

资源的丰富与共享，不仅拓宽了大学生的知识视野，让他们能够站在更高的平台上审视世界、理解社会，还促进了他们思想的开放与包容。在接触到多元化的教育内容和思想观点后，学生们能够更加理性地看待不同文化和价值观的差异，学会在尊重与理解中寻求共识，形成更加成熟、全面的世界观和价值观。这种变化，不仅有利于他们个人的成长与发展，也为构建和谐社会、推动人类文明进步贡献了力量。

（二）教育形式的多样化与互动性

线上教育平台以其先进的技术支撑，实现了教学形式的多元化创新，为大学生道德教育领域带来了前所未有的活力与变革。这些新颖的教学形式，包括但不限于直播授课、录播回放、在线讨论以及虚拟实践等，共同构建了一个立体、互动且充满探索乐趣的学习环境。

直播授课作为线上教育的一大亮点，打破了传统教室的物理界限，让师生能够跨越时空限制，进行实时、高效的互动教学。在直播过程中，教师能够直观地展示教学内容，利用多媒体手段丰富课堂形式，同时及时回应学生的提问与反馈，营造出一种身临其境的学习氛围。学生则能够紧跟教师思路，积极参与课堂讨论，及时提出自己的见解与疑惑，这种即时的交流互动极大地增强了学习的参与感和互动性，使学习过程更加生动有趣。

录播回放功能则为那些因故错过直播或需要复习巩固的学生提供了极大的便利。学生可以根据自己的时间安排，随时回看课程内容，反复琢磨难点疑点，确保学习效果的连续性和深入性。这种灵活的学习方式不仅提高了学习效率，也培养了学生的自主学习能力和时间管理能力。

在线讨论区域则成为学生之间思想碰撞、观点交流的重要平台。在这里，学生们可以围绕某个主题或问题展开热烈讨论，分享自己的学习心得、体会与疑惑。通过思想的交锋与融合，学生们不仅能够加深对知识点的理解，还能够拓宽视野，培养批判性思维和创新能力。同时，在线讨论也促进了学生之间的情感交流，增强了班级凝聚力和团队合作精神。

虚拟实践作为线上教育的一大创新点，更是为学生提供了前所未有的学习体验。通过虚拟现实技术，学生可以置身于一个高度仿真的模拟环境中，进行各种实践操作和问题解决。这种沉浸式的学习方式不仅让学生感受到了实践的乐趣与挑战，还能够在安全、可控的环境下锻炼和提升他们的实践能力和创新精神。在虚拟实践中，学生可以自由探索、尝试与犯错，从中积累宝贵的经验教训，为未来的职业生涯奠定坚实的基础。

（三）教育时空的灵活性与便捷性

线上教育平台的卓越之处，尤为显著地体现在其无与伦比的灵活性与便捷性上，这一特性彻底颠覆了传统教育模式的束缚，为学生开启了一扇通往个性化学习的新大门。在这个数字化时代，学生们不再受限于固定的课堂时间和物理空间，而是能够根据自身的学习节奏和生活安排，灵活选择学习的最佳时机与地点。无论是晨光初照的清晨，还是夜深人静的夜晚；无论是在图书馆的静谧角落，还是家中的温馨书桌旁，学生都能随心所欲地开启学习之旅，享受知识带来的愉悦与成长。

这种高度的灵活性，不仅极大地提升了学习效率，使学生能够在最佳状态下吸收知识、深化理解，还充分尊重并满足了大学生群体多样化的学习需求。每个学生都是独一无二的个体，他们拥有不同的学习习惯、兴趣偏好和学习节奏。线上教育平台通过提供个性化的学习路径和资源推荐，让每位学生都能找到最适合自己的学习方式，从而在知识的海洋中自由遨游，探索未知，实现自我超越。

此外，线上教育平台还以其强大的学习管理工具，为学生们的学习过程提供了全方位的支持与辅助。这些工具包括但不限于学习进度跟踪系统、成绩查询功能以及作业提交平台等，它们如同学习路上的得力助手，帮助学生有条不紊地管理自己的学习计划和成果。通过学习进度跟踪，学生可以清晰地看到自己的学习轨迹，及时调整学习策略；而成绩查询功能则让学生随时掌握自己的学习成效，激发学习动力；作业提交平台则简化了作业提交流程，确保了学生作业的及时性和准确性。这些便捷的学习管理工具，不仅减轻了学生的学习负担，还提高了他们的学习自主性和自我管理能力，为他们的长远发展奠定了坚实的基础。

（四）教育效果的评估与反馈

线上教育平台利用大数据和人工智能技术，可以对学生的学习行为、成绩表现等进行全面跟踪和分析，为教育效果的评估提供科学依据。高校可以通过平台收集的数据，了解学生的学习情况、兴趣偏好和困难点，从而调整教学内容和方法，提高教育的针对性和有效性。同时，平台还可以提供即时的学习反馈和个性化建议，帮助学生及时发现和纠正学习中的问题，提升学习效果。

线上教育平台凭借其强大的数据处理能力，深度融合了大数据与人工智能技术，构建起一个智能化、精细化的学习评估与分析体系。这一体系能够全方位、多维度地追踪学生的学习行为轨迹，从观看视频的时长、参与讨论的活跃度、作业提交的质量，到考试测验的成绩表现，甚至是学习过程中的情绪波动与注意力集中度，都能进行精准捕捉与深度分析。这样的全面跟踪，不仅为教育效果的客观评估提供了坚实的数据支撑，更为教育决策的科学化、精准化开辟了新的路径。

高校作为教育实施主体，通过线上教育平台的数据洞察功能，能够以前所未有的细致程度了解每位学生的学习状况。从宏观层面看，学校可以掌握学生群体的整体学习趋势，识别教学过程中的共性问题与盲点；从微观层面讲，教师则能深入洞察每位学生的个性化学习特征，包括他们的兴趣偏好、学习风格、能力优势以及面临的困难与挑战。基于这些翔实的数据反馈，高校可以更加灵活地调整教学内容的难易程度、教学方法的多样性以及教学进度的安排，确保教学活动能够紧密贴合学生的实际需求，实现因材施教、精准施教的目标，从而显著提升教育的针对性和有效性。

此外，线上教育平台还利用智能算法，为学生提供即时、个性化的学习反馈与建议。这些反馈不仅限于简单的对错判断或分数赋予，更包含了对学生学习行为的深入分析、知识掌握情况的精准评估以及未来学习路径的个性化推荐。学生可以根据这些反馈，迅速定位自己的学习短板与提升空间，及时调整学习策略，优化学习路径。同时，平台还会根据学生的进步情况和学习目标，动态调整学习资源的推送，确保学生始终处于最适合自己的学习节奏与轨道上，不断激发学习潜能，提升学习效果。

线上教育平台的兴起为大学生道德教育方式的变革提供了有力支持。通过丰富教育资源、多样化教育形式、灵活教育时空以及科学评估教育效果等手段，线上教育平台为大学生道德教育注入了新的活力，提高了教育的针对性和有效性。未来，随着技术的不断进步和应用的深入拓展，线上教育平台将在大学生道德教育中发挥更加重要的作用。

二、混合式教学模式的探索

混合式教学模式，顾名思义，是将传统面对面教学与线上教学有机结合的一种新型教学模式。[①] 它充分利用了互联网、大数据、人工智能等现代信息技术手段，打破了时间与空间的限制，实现了教学资源的优化配置与共享。在大学生道德教育中，混合式教学模式通过线上平台的灵活性与便捷性，结合线下课堂的深度互动与情感交流，为学生提供了更加个性化、多样化的学习体验。

（一）教育理念的创新

混合式教学模式作为一种融合了线上与线下教学优势的创新教育模式，其核心理念"以学生为中心"深刻体现了现代教育对人本精神的回归与强化。这一理念不仅是对传统教育体系中教师主导地位的重新审视，更是对学生主体地位的高度尊重与认可。它强调每个学生都是独一无二的个体，拥有不同的学习风格、兴

---

① 金石，等 . 线上线下混合式教学的反思与策略优化 [J]. 中国大学教学，2022（11）: 72.

趣偏好以及潜能待发掘，因此，教学活动的设计与实施应紧密围绕学生的个体差异和学习需求展开。

在具体实践中，混合式教学模式通过灵活多样的教学手段和丰富的教育资源，鼓励学生从被动接受知识的角色转变为知识的主动探索者和建构者。学生被赋予了更多的学习自主权，可以根据自己的学习进度和兴趣点，在教师的引导下自主选择学习内容、路径和方法。这种主动参与、自主探索的学习方式，不仅能够有效激发学生的学习动力和好奇心，还能够培养他们的自主学习能力和终身学习的习惯。

更为重要的是，混合式教学模式促使大学生道德教育实现了从灌输式向启发式、引导式的深刻转变。传统的灌输式教育往往侧重于知识的单向传递和记忆训练，忽视了对学生思维能力、创新能力和社会责任感的培养。而混合式教学模式则更加注重启发学生的思考、激发学生的创造力，并引导他们关注社会现实、参与社会实践，从而培养他们的批判性思维、创新能力和社会责任感。

在启发式、引导式教育的框架下，教师不再是知识的唯一权威和传递者，而是成为学生学习的引导者和伙伴。他们通过设计具有挑战性、启发性的问题或任务，引导学生进行深入思考、合作探究和反思总结，从而促进学生知识、能力和情感的全面发展。同时，教师还注重培养学生的批判性思维能力，鼓励他们对所学知识进行质疑、分析和评价，形成独立见解和判断力。

此外，混合式教学模式还强调通过社会实践、志愿服务等方式，增强学生的社会责任感和使命感。通过参与社会实践活动，学生能够更加深入地了解社会现实、体验社会生活，从而树立起正确的世界观、人生观和价值观，并将所学知识应用于解决实际问题之中。这种理论与实践相结合的教学方式，不仅有助于提升学生的综合素质和能力水平，还能够为他们未来的社会生活和职业发展奠定坚实的基础。

（二）教学内容的丰富与拓展

线上教育平台作为数字化时代的教育创新产物，为大学生道德教育构筑了一个资源丰富、形式多样的学习殿堂。这些平台不仅汇聚了国内外顶尖学府与权威机构精心打造的道德教育课程，还广泛收录了各类前沿讲座、深度分析文章、生动教学案例等，形成了一个庞大而多元的教育资源库。这些资源以其独特的魅力和价值，极大地拓宽了学生的知识视野，为他们的思想成长和道德塑造提供了强有力的支持。

首先，线上教育平台上的道德教育课程，不仅涵盖了马克思主义基本原理、中国特色社会主义理论体系等传统的道德理论内容，还紧跟时代步伐，融入了最新的理论成果和实践经验。这些课程通过深入浅出的讲解、生动形象的案例分析，帮助学生构建起系统的道德知识体系，加深对党的路线方针政策的理解与认同。

其次，平台上的讲座资源更是丰富多彩，既有知名学者、专家的深度解读与前瞻分析，也有行业领袖、社会名流的精彩分享与人生感悟。这些讲座不仅为学生提供了与顶尖人才面对面交流的机会，还激发了他们对社会热点、时代问题的关注和思考，促进了他们思想的成熟与升华。

此外，线上教育平台还通过引入网络伦理、全球化视野下的价值观碰撞等时代新元素，使教学内容更加贴近学生实际，更具时代感和吸引力。这些新元素不仅反映了当前社会发展的趋势与特点，也为学生提供了审视自我、认识世界的新视角和新工具。通过学习这些内容，学生能够更加全面地了解社会现实、把握时代脉搏，从而树立起正确的世界观、人生观和价值观。

综上所述，线上教育平台为大学生道德教育提供了海量的教育资源，这些资源以其丰富性、时代性和吸引力，为学生的学习和成长注入了新的活力和动力。它们不仅拓宽了学生的知识视野，也促进了学生思想的成熟与升华，为实现培养德、智、体、美、劳全面发展的社会主义建设者和接班人的目标奠定了坚实的基础。

（三）教学手段的多样化

混合式教学模式融合了直播授课、录播回放、在线讨论、虚拟实践等多种教学手段，为学生提供了灵活多样的学习选择。这些手段不仅提高了学生的学习兴趣和参与度，还促进了师生之间的即时互动与反馈，增强了教学的针对性和有效性。

混合式教学模式作为一种集多种教学手段于一体的创新教育模式,其融合性与灵活性为学生打造了一个既高效又富有趣味性的学习环境。在这一模式下,直播授课作为实时互动的核心环节,通过高清视频技术,将教师生动的讲解与丰富的肢体语言直接传递给屏幕前的学生,使得远程学习也能感受到如同置身教室般的沉浸体验。直播过程中,学生可以即时提问、参与讨论,这种即时性极大地提升了学生的参与度和学习动力,同时也考验着教师的应变能力和专业素养。

录播回放功能则是混合式教学模式中的一大亮点,它为学生提供了自主学习的广阔空间。学生可以根据自己的时间安排和学习进度,随时回看课程视频,对难以理解的知识点进行反复琢磨,或是巩固已学内容。这种灵活的学习方式不仅有助于加深记忆,还能帮助学生形成自我反思和总结的良好习惯。

在线讨论区则是师生、生生之间思想碰撞的火花源地。在这里,学生们可以围绕课程内容、时事热点等话题展开热烈讨论,分享见解、交流心得。教师则作为引导者,适时参与讨论,解答疑惑,引导学生深入思考。这种开放式的交流方式不仅促进了知识的共享与传播,还培养了学生的批判性思维能力和团队合作精神。

虚拟实践作为混合式教学模式的又一创新点,通过模拟真实场景或构建虚拟环境,让学生在安全、可控的条件下进行实践操作和体验学习。这种教学方式不仅降低了传统实践教学的成本和风险,还提高了学生的实践能力和创新能力。在虚拟实践中,学生可以亲自动手解决问题、探索未知领域,从而更加深刻地理解理论知识,并将其转化为解决实际问题的能力。

综上所述,混合式教学模式通过融合直播授课、录播回放、在线讨论、虚拟实践等多种教学手段,为学生提供了前所未有的学习体验和选择空间。这些手段不仅激发了学生的学习兴趣和参与度,还促进了师生之间的即时互动与反馈,使得教学活动更加具有针对性和有效性。同时,它们也为学生提供了多样化的学习路径和成长机会,有助于培养出具有创新精神、实践能力和社会责任感的优秀人才。

(四) 教学评价的多元化

在混合式教学模式的框架下，教学评价机制经历了深刻的变革，摆脱了传统单一依赖考试分数作为唯一评判标准的局限，转而采取一种更加全面、多元且动态的评价方式。这种评价模式不仅关注学生的最终学习成果，更将评价的焦点延伸至学生的整个学习过程、学习态度以及学习中的成长与变化，旨在构建一个全方位、多维度的评价体系。

线上教育平台强大的数据分析功能，为这一评价体系的实现提供了强有力的技术支持。通过收集学生在学习过程中的各类数据，如观看视频的时长、参与讨论的频率、提交作业的质量、测验成绩的变化趋势等，平台能够生成详尽的学习报告，为教师提供直观、准确的学情分析。这些数据不仅帮助教师了解每位学生的学习进度和掌握情况，还能揭示出学生在学习过程中的难点、兴趣点以及潜在的学习风格，从而为个性化教学方案的制定提供科学依据。教师据此可以调整教学策略，为不同学生量身定制学习路径，实现因材施教。

与此同时，学生也被赋予了更多的评价主动权。他们可以通过自我反思，审视自己的学习过程，总结学习中的得失，明确改进方向。这种自我评价的过程不仅有助于培养学生的自我认知能力和元认知技能，还能激发他们的学习动力和内在责任感。此外，同伴评价作为一种互补的评价方式，鼓励学生之间互相学习、互相评价。在评价他人的过程中，学生不仅能够加深对知识点的理解和应用，还能学会欣赏他人的优点、包容他人的不足，培养团队协作精神和人际交往能力。

因此，混合式教学模式下的教学评价机制是一种更加科学、全面、个性化的评价方式。它通过线上平台的数据分析功能，为教师提供了精准的教学反馈，促进了个性化教学的实施；同时，它也鼓励学生通过自我反思和同伴评价等方式，积极参与评价过程，不断提升自己的学习能力和综合素质。这种评价方式不仅有助于提高学生的学业成绩，更能促进他们的全面发展，为未来的学习和生活奠定坚实的基础。

近年来，随着混合式教学模式在大学生道德教育中的广泛应用，其实践效果日益显著。一方面，学生的学习积极性和自主性得到了显著提升，他们能够更加主动地参与学习、探索问题；另一方面，教师的教学水平和教育创新能力也得到了锻炼和提高，他们能够更加灵活地运用各种教学手段和方法，满足学生的多样化需求。

展望未来，随着信息技术的不断发展和教育改革的深入推进，混合式教学模式在大学生道德教育中的应用前景将更加广阔。高校应继续加强线上教育平台的建设和管理，完善教学资源库和评价体系；同时，还应加强教师培训和支持力度，提高教师的信息素养和教学能力；此外，还应积极探索混合式教学模式与其他教育模式的有机融合路径，为大学生道德教育注入更多新的元素和活力。

三、个性化教育的实现可能

大学生道德教育方式的变革展现出了前所未有的潜力和深远的意义。个性化教育，作为教育现代化的重要趋势之一，强调针对学生的个体差异，量身定制教育方案，以满足其独特的学习需求和发展目标。这一理念在大学生道德教育领域的渗透与融合，不仅丰富了教育手段，更深刻改变了教育的本质和效果。

（一）个性化教育理念

随着混合式教学模式的兴起，大学生道德教育开始逐步融入个性化教育理念。这意味着教育不再是"一刀切"的灌输式教学，而是更加注重学生的主体性、差异性和多样性。教育者开始认识到，每个学生都是独一无二的个体，拥有不同的兴趣、能力、背景和价值观，因此，教育应当尊重这些差异，为每个学生提供最适合其发展的教育路径。

大学生道德教育正经历着一场深刻的变革，它以一种前所未有的姿态，稳步而坚定地融入个性化教育的核心理念。这一融合不仅标志着教育理念的革新，更是对传统教学模式的一次深刻反思与超越。在混合式教学模式的框架下，道德教育不再局限于传统课堂中的单向灌输与被动接受，而是巧妙地将线上资源的丰富性、灵活性与线下互动的深刻性、即时性相结合，为道德教育开辟了一片新天地。

这一转变的核心在于对学生主体性的高度尊重与强调。教育者开始深刻意识到，每一位学生都是独一无二、不可复制的，他们带着各自独特的兴趣偏好、能力天赋、成长背景以及深植内心的价值观步入大学校园。因此，道德教育必须摒弃"一刀切"的陈旧观念，转而采取一种更加包容、灵活且富有针对性的教学策略。教育者致力于构建一个以学生为中心的学习环境，鼓励学生主动探索、自我反思，并在这一过程中逐步形成并坚定自己的道德信念。

为了实现这一目标，教育者积极探索并实施了一系列创新举措。他们利用大数据、人工智能等现代信息技术手段，对学生的学习行为、兴趣倾向及道德认知发展进行精准分析，从而为学生量身定制个性化的道德教育方案。同时，教育者还注重搭建多元化的学习平台，如在线论坛、虚拟社区、案例研讨等，鼓励学生之间以及师生之间的深入交流与思想碰撞，让道德教育在互动与分享中焕发新的生机与活力。

此外，教育者还努力将道德教育融入学生的日常生活与实践，通过组织志愿服务、社会实践、文化体验等活动，让学生在亲身参与中感受道德的力量，体验道德行为带来的成就感与满足感。这些实践活动不仅丰富了学生的道德情感体验，还促进了其道德认知向道德行为的转化，为学生成长为具有高尚道德品质和强烈社会责任感的新时代青年奠定了坚实的基础。

随着混合式教学模式的兴起与个性化教育理念的深入融合，大学生道德教育正逐步走向一个更加人性化、科学化、高效化的新时代。在这一时代背景下，教育者将继续秉持以学生为中心的教育理念，不断探索与实践，为培养更多德、智、体、美、劳全面发展的社会主义建设者和接班人贡献自己的力量。

（二）教育方式的多样化与灵活性

为了实现真正意义上的个性化教育，大学生道德教育方式正经历着一场深刻而全面的变革，这场变革不仅重塑了教育的形态，也深刻影响着每一个学生的成长轨迹。一方面，混合式教学模式的兴起，如同为教育领域注入了一股清新的活力，它以其独特的优势，为大学生道德教育提供了前所未有的多样化教学手段。

直播授课以其即时互动、身临其境的特点，让学生能够即时向教师提问，参与课堂讨论，这种即时反馈机制极大地增强了学生的学习积极性和参与度。而录播回放功能，则像是一位耐心的私人教师，随时待命，为那些因故错过直播或需要复习巩固的学生提供了便捷的学习资源。学生可以根据自己的时间安排，反复观看，直至完全掌握知识点，这种灵活性极大地满足了学生的个性化学习需求。

此外，在线讨论区和虚拟实践平台更是为学生搭建了一个广阔的交流与实践舞台。在这里，学生不再受地域和时间的限制，可以自由地与来自五湖四海的同学探讨道德问题，分享观点，碰撞思想。虚拟实践平台则通过模拟真实场景，让学生在安全的环境中体验道德决策的后果，从而深化对道德规范的理解与认同。

另一方面，教育者紧跟时代步伐，积极拥抱大数据、人工智能等现代信息技术手段，为个性化教育插上了科技的翅膀。通过对学生在学习平台上的行为数据、成绩数据、互动数据等进行深度挖掘与分析，教育者能够更加精准地把握学生的学习偏好、学习难点以及潜在的学习需求。这种基于数据的决策支持，使得教育者能够为学生提供更加个性化的学习建议和资源推荐，真正实现因材施教。

同时，大数据和人工智能还帮助教育者实现了对学生学习进度的实时监控与动态调整。当学生在某个道德知识点上遇到困难时，系统能够自动推送相关的学习资料和练习题，帮助学生及时巩固；而当学生在某个领域表现出色时，系统则能为其提供更高层次的挑战，激发学生的潜能。这种智能化的学习路径规划，不仅提高了学习效率，也让学生在学习过程中感受到了更多的成就感和满足感。

为了实现个性化教育，大学生道德教育方式正在经历一场由技术驱动、以学生为中心的深刻变革。这场变革不仅丰富了教学手段，提升了教育质量，也为学生的全面发展提供了更加有力的支持。

（三）教学内容的丰富性与针对性

个性化教育不仅关注教学手段的变革，更重视教学内容的丰富性和针对性。在大学生道德教育中，教育者开始注重将传统的道德理论内容与时代新元素相结合，如网络伦理、全球化视野下的价值观碰撞等，使教学内容更加贴近学生实际和社会现实。同时，教育者还根据学生的不同特点和需求，设计具有针对性的教学内容和教学活动，以满足学生的个性化学习需求。这种教学内容的丰富性和针对性，不仅提高了学生的学习兴趣和参与度，还促进了学生综合素质的全面发展。

个性化教育作为现代教育理念的核心，其深远影响远远超越了单一教学手段的革新，它深刻触及并重塑了教学内容的结构与内涵。在大学生道德教育的广阔天地里，教育者正以前所未有的开放姿态，不断探索与实践，力求让教学内容焕发新生，既根植于深厚的道德理论土壤，又紧密拥抱时代的脉动。

一方面，教育者深刻理解到，传统道德理论是构筑学生道德根基的基石，但其生命力在于与时俱进，与当代社会现实相契合。因此，在教学内容的设计上，他们巧妙地将古老的道德智慧与新时代的挑战与机遇相融合，如深入探讨网络伦理的复杂议题，引导学生思考在虚拟世界中如何坚守道德底线，维护网络空间的清朗；或是聚焦全球化背景下价值观的多元碰撞，鼓励学生以开放包容的心态，审视不同文化间的道德观念差异，培养跨文化交流的能力和尊重多元价值的意识。这样的教学内容，不仅拓宽了学生的道德视野，也增强了他们应对未来社会挑战的能力。

另一方面，教育者深知每个学生都是独一无二的个体，他们的成长背景、兴趣爱好、职业规划各不相同，对道德教育的需求自然也是千差万别。因此，在教学过程中，教育者致力于实施"量身定制"的教学策略，根据学生的不同特点和需求，设计具有针对性的教学内容和教学活动。例如，为对法律专业感兴趣的学生开设法律伦理课程，通过案例分析、模拟法庭等形式，培养他们的法律素养和职业道德；为有志于国际交流的学生组织跨文化交流工作坊，通过角色扮演、小组讨论等方式，增进他们对不同文化背景下道德观念的理解与尊重。这些个性化的教学内容和活动，不仅激发了学生的学习兴趣和动力，也促进了他们综合素质的全面提升。

综上所述，个性化教育在大学生道德教育中的实践，不仅仅是对教学手段的多样化探索，更是对教学内容深度与广度的全面拓展。它要求教育者具备敏锐的洞察力，能够准确把握时代脉搏，将传统道德理论与现代社会现实相结合；同时，也要求教育者具备深厚的专业素养和人文关怀，能够深入了解学生需求，为他们提供量身订制的学习体验。在这样的教育模式下，大学生道德教育将更加贴近学生实际，更加符合社会需求，为培养具有高尚道德情操和强烈社会责任感的新时代青年奠定坚实的基础。

（四）师生关系的转变与互动

个性化教育的成功落地，其根基深深扎根于师生关系的深刻转型与积极互动之中。在混合式教学模式这一创新框架下，师生之间的传统界限被温柔地打破，取而代之的是一种更加动态、更加和谐的伙伴关系——教育者化身为智慧的引导者，而学生则摇身一变，成为主动的探索者。

教育者在这一新角色中，承担着前所未有的责任与使命。他们不再是单纯的知识传递者，而是需要细致入微地关注学生的每一个学习瞬间，用心感受他们的学习体验与情感波动。这意味着教育者必须学会倾听，不仅要听到学生言语上的需求，更要洞察他们内心的渴望与困惑。在此基础上，教育者运用自己的专业知识与教育智慧，为每位学生量身定制学习路径，提供个性化的学习资源和策略支持，帮助他们跨越学习中的障碍，激发他们的潜能。

而学生，作为学习过程的主体，其角色的转变同样至关重要。在个性化教育的倡导下，学生被鼓励从被动接受转向主动探索，他们被赋予更多的自主权与责任感，去选择、去尝试、去反思。学生开始积极参与课堂讨论，勇于提出自己的见解与疑问，与教育者及同伴进行深入的思维碰撞。在这个过程中，学生不仅收获了知识，更学会了如何学习，如何与他人合作，如何独立思考与解决问题。

这种师生关系的转变与互动，如同一股温暖的春风，吹散了传统教育中的冷漠与隔阂，营造了一个开放、包容、充满活力的学习环境。在这里，教育者与学生之间的情感交流变得更加顺畅与自然，他们相互尊重、相互理解、相互支持，共同探索知识的海洋，追求道德的卓越。这种良好的师生关系，不仅促进了学生的学习成效，更在他们心中种下了人文关怀的种子，为他们未来的成长与发展奠定了坚实的基础。

综上所述，大学生道德教育方式的变革是一次深刻而全面的转型。它不仅丰富了教育手段、提高了教学效果，还促进了学生综合素质的全面发展。随着个性化教育理念的不断深入和实践经验的不断积累，我们有理由相信，大学生道德教育将会迎来更加美好的未来。

四、AI 技术带来前所未有的影响

AI 技术，作为 21 世纪科技革命的标志性成果，正以前所未有的速度和深度渗透到社会的各个领域，教育领域也不例外。对于大学生道德教育而言，AI 技术的融入不仅为传统教育方式带来了颠覆性的变革，更在多个维度上重塑了道德教育的面貌，产生了深远而广泛的影响。

（一）AI 技术拥有强大的数据处理与分析能力

AI 技术凭借其强大的数据处理与分析能力，能够精准捕捉时代脉搏，将最新的社会现象、道德议题以及前沿理论融入道德教育内容。通过智能推荐系统，AI 可以根据学生的兴趣、专业背景及道德认知水平，推送个性化的学习材料，如网络伦理案例、全球化视野下的价值观探讨等，使教学内容更加贴近学生实际和社会现实。这种定制化的学习体验，不仅激发了学生的学习兴趣，也促进了他们对道德问题的深入思考与理解。

AI 技术，作为当代科技的璀璨明珠，其数据处理与分析的卓越能力，正引领着教育领域的深刻变革，特别是在大学生道德教育方面展现出了非凡的潜力。这项技术仿佛拥有了一双敏锐的眼睛，能够精准地洞察时代的风云变幻，捕捉那些瞬息万变的社会现象、引人深思的道德议题以及引领未来的前沿理论。它如同一位智慧的编织者，将这些丰富的素材巧妙地融入道德教育的内容，使课程内容不再局限于传统的框架之内，而是充满了时代的气息与活力。

智能推荐系统，作为 AI 技术在教育领域的一大应用亮点，更是为个性化学

习开辟了新的道路。这一系统能够深入解析每位学生的兴趣偏好、专业背景以及当前的道德认知水平，就像一位贴心的导师，能够精准地把握学生的个性化需求。基于这些深入分析的数据，AI 能够智能地为学生推荐量身定制的学习材料，这些材料既涵盖了网络伦理的生动案例，让学生在虚拟与现实交织的情境中感受道德抉择的复杂与重要；又涉及全球化视野下的价值观探讨，引导学生以更加开阔的胸襟去审视不同文化背景下的道德观念，培养跨文化交流的能力与尊重多元价值的意识。

这种定制化的学习体验，无疑为学生们打开了一扇通往知识宝库的大门。学生们不再是被动的接受者，而是成为主动的探索者，他们可以根据自己的兴趣与需求，自由地穿梭于知识的海洋之中，寻找那些能够触动心灵、启迪智慧的道德智慧。在这个过程中，学生们的学习兴趣被极大地激发出来，他们开始主动思考、积极讨论，与同伴们分享自己的见解与感悟。这种深入的思考与交流，不仅加深了他们对道德问题的理解，也促进了他们道德品质的全面发展。

更为重要的是，这种基于 AI 技术的个性化道德教育方式，使得教学内容更加贴近学生的生活实际和社会现实。学生们不再感到道德教育是空洞无物的说教，而是能够真真切切地感受到它与自己生活的紧密联系。这种贴近现实的教学方式，让学生们在学习的过程中更加容易产生共鸣与认同，从而更加愿意将所学的道德知识内化为自己的行为准则，外化为实际行动。这无疑为培养具有高尚道德情操和强烈社会责任感的新时代大学生奠定了坚实的基础。

（二）AI 技术提供了多样化的教学手段

AI 技术为大学生道德教育提供了多样化的教学手段，如虚拟现实（VR）、增强现实（AR）、在线互动平台等。这些技术能够模拟真实场景，让学生在虚拟环境中体验道德决策的后果，从而加深对道德规范的理解与认同。同时，AI 驱动的在线讨论区、智能问答系统等，为学生与教育者、学生与学生之间的互动交流提供了便捷渠道。学生可以随时随地提出疑问、分享观点，与不同背景的人进行思想碰撞，这种跨时空的互动方式极大地拓宽了学生的视野，促进了道德教育的深入发展。

AI 技术的迅猛进步，如同为大学生道德教育插上了一双翅膀，极大地丰富了教学手段的多样性与创新性。在这一技术的赋能下，虚拟现实（VR）与增强现实（AR）等前沿科技不再是遥不可及的概念，而是切实地融入了道德教育的课堂与实践。VR 技术通过构建高度仿真的虚拟环境，使学生仿佛置身于真实的道德困境，亲身体验不同决策带来的即时反馈与长远影响。这种沉浸式的学习体验，不仅让学生深刻感受到道德决策的复杂性与重要性，还促使他们在模拟的真实场景中不断试错、反思，进而形成更加稳固、深刻的道德认知与判断能力。

而 AR 技术则以其独特的优势，将虚拟信息与现实世界巧妙融合，为道德教育带来了全新的视角与体验。通过 AR，学生可以在现实环境中发现隐藏的道德故事、探索道德价值的深层含义，这种虚实结合的学习方式，既增强了学习的趣味性，又加深了对道德规范的直观理解与情感体验。

此外，AI 驱动的在线讨论区与智能问答系统，更是为学生与教育者、学生与学生之间的即时互动与交流搭建了一个无界限的平台。这些平台打破了传统课堂的物理限制，使得学生们可以随时随地接入网络，参与到热烈的讨论与思想碰撞之中。无论是针对某个道德议题的深入探讨，还是对学习过程中的疑问进行即时解答，这些互动渠道都极大地提高了学习的效率与效果。更重要的是，这种跨时空的互动方式，让学生有机会接触到来自不同地域、不同文化背景的思想与观点，从而拓宽了他们的视野，培养了全球视野下的道德思维与判断能力。

AI 技术通过提供多样化的教学手段与便捷的互动渠道，不仅为大学生道德教育注入了新的活力与动力，还促进了道德教育模式的深刻变革。在这一变革的浪潮中，学生们将能够更加积极地参与到道德学习的过程中来，通过亲身体验、互动交流等方式，不断加深对道德规范的理解与认同，为成为具有高尚道德情操与强烈社会责任感的新时代青年奠定坚实的基础。

（三）AI 技术有利于进行深度学习与分析

AI 技术能够根据学生的学习行为、成绩数据、兴趣偏好等，进行深度学习与分析，为每位学生提供个性化的学习路径和资源推荐。通过智能评估系统，AI 可以实时跟踪学生的学习进度，及时发现并解决学习中的难题，为学生提供精准的反馈与指导。此外，AI 还能根据学生的能力水平和成长需求，动态调整学习难度和深度，确保每位学生都能在适合自己的节奏下不断进步。这种智能化的学习支持，不仅提高了学习效率，也增强了学生的学习动力与自信心。

AI 技术，作为现代教育的强大助力，其智能化特性在个性化学习领域展现出了非凡的潜力。它不仅能够深入洞察每一位学生的学习行为模式，通过大数据分析技术，细致地捕捉学生在课程参与、作业提交、测试成绩等方面的细微变化，还能结合学生的兴趣偏好、学习习惯乃至情绪状态，进行深度学习与综合评估。这一过程，就像是为学生量身定制了一套精准的学习画像，使得教育者能够更全面地理解学生的需求与困境。

基于这份详尽的学习画像，AI 能够智能地规划出个性化的学习路径，为学生推荐最适合他们的学习资源与活动。这些资源可能包括定制化的学习视频、难度适中的练习题、拓展阅读的文献资料，甚至是与课程内容紧密相关的实践项目或案例分析。通过这样精准的资源推荐，学生能够在自己感兴趣的领域深入探索，同时又在需要巩固和提升的方面得到有效的支持。

智能评估系统，则是 AI 技术在学习支持中的另一大亮点。它能够实时跟踪学生的学习进度，利用先进的算法模型对学生的学习数据进行快速处理与分析，从而及时发现学生在学习过程中遇到的难题与瓶颈。一旦发现问题，AI 会立即启动反馈机制，为学生提供个性化的解决方案或引导建议。这种及时的反馈与指导，不仅帮助学生及时纠正错误、弥补知识漏洞，还让他们在学习过程中感受到持续的关注与支持，从而增强了学习的动力与积极性。

更为重要的是，AI 技术还能根据学生的能力水平和成长需求，动态地调整学习内容的难度与深度。这意味着，无论学生的起点如何，他们都能在适合自己的节奏下逐步前进，既不会因内容过于简单而感到乏味，也不会因难度过大而感到挫败。这种灵活的学习安排，不仅提高了学习效率，还让学生在学习过程中体验到了成长的喜悦与成就感，进一步增强了他们的自信心与自我效能感。

AI 技术通过其强大的数据处理与分析能力，为大学生提供了前所未有的个性化学习支持。这种智能化的学习模式，不仅让学习变得更加高效、有趣，还极大地激发了学生的学习潜能与创造力，为培养具有创新精神与实践能力的新时代人才奠定了坚实的基础。

（四）AI 技术转变了师生关系

在 AI 技术的辅助下，师生关系逐渐从传统的传授者与接受者转变为引导者与探索者的关系。教育者不再仅仅是知识的传递者，更是学生成长的引路人和伙伴。他们更加关注学生的情感需求与心理变化，通过 AI 技术提供的情感分析功能，及时感知学生的情绪状态，为他们提供心理疏导与支持。同时，学生也变得更加主动与积极，他们愿意与教育者分享自己的学习心得与困惑，寻求个性化的帮助与指导。这种基于相互尊重与理解的师生关系，为道德教育的深入发展提供了坚实的情感基础。

在 AI 技术的温柔织锦下，师生关系正经历着一场深刻的转型，从往昔单向度的传授与接受模式，华丽蜕变为双向互动的引导与探索之旅。教育者，这一传统意义上的知识灯塔，如今被赋予了更加多元而深刻的角色——他们是学生心灵成长的引路者，是智慧探索旅程中的亲密伙伴。在这个角色转换的过程中，教育者不再仅仅满足于知识的灌输，而是将更多的心力倾注于学生情感的滋养与心灵的呵护。

AI 技术，作为这一变革的催化剂，其内置的情感分析功能如同一面敏锐的镜子，能够精准捕捉学生情绪的微妙波动。通过对学生日常学习行为、交流内容乃至语音语调的深度解析，AI 能够即时绘制出学生的情绪图谱，为教师提供直观、量化的情感反馈。教育者借此得以更加细腻地洞察学生的内心世界，理解他们在学习过程中的喜怒哀乐，从而在第一时间给予恰当的心理疏导与支持。这种基于数据却又不失温情的关怀，让教育不仅仅是知识的传授，更是心灵的触碰与共鸣。

而学生，在 AI 技术的赋能下，也展现出了前所未有的主动性与积极性。他们不再满足于被动接受知识，而是勇于表达自己的见解，乐于分享自己的学习心得与遇到的困惑。AI 技术提供的个性化学习平台与智能问答系统，更是为学生搭建了与教育者直接沟通的桥梁，让他们能够随时随地寻求个性化的帮助与指导。这种开放、包容的学习氛围，激发了学生探索未知的热情，也加深了他们对教育者的信任与依赖。

在这种新型的师生关系中，相互尊重与深刻理解成为最坚实的基石。教育者尊重学生的个性差异与成长节奏，鼓励学生勇敢表达自己的想法与感受；而学生则以更加开放的心态接纳教育者的引导与建议，视其为成长道路上的良师益友。这种基于真诚对话与情感共鸣的师生关系，不仅为道德教育的深入发展提供了肥沃的土壤，更在无形中培养了学生的社会责任感、同理心以及批判性思维能力，为他们成为具有高尚品德与卓越才能的新时代青年奠定了坚实的基础。

（五）AI 技术拓展了大学生道德教育的场域

AI 技术的融入使得大学生道德教育不再局限于课堂之内，而是延伸到学生的日常生活中。通过智能穿戴设备、移动应用等，AI 可以实时监测学生的行为表现与道德实践情况，为他们提供即时的反馈与建议。此外，AI 还能根据学生的学习进度与兴趣变化，推荐相关的道德教育资源与活动，如志愿服务、社会实践等，让学生在实践中深化对道德规范的理解与认同。这种持续性与泛在性的道德教育模式，不仅提高了道德教育的实效性，也促进了学生道德品质的全面发展。

AI 技术的深度融合，如同一股清新的风，吹散了传统大学生道德教育固有的界限，使其不再受限于教室的四壁之内，而是以一种更加生动、灵活的方式，悄无声息地渗透到学生的每一个日常角落。智能穿戴设备与移动应用的广泛应用，仿佛为每位学生都配备了一位隐形的道德导师，它们不仅记录着学生的步伐与心跳，更在无形中捕捉着他们行为的细微差异与道德实践的瞬间。

这些智能设备通过先进的数据分析技术，能够实时监测学生的行为模式与道德选择，如诚信待人、尊重他人、爱护环境等方面的表现。每当学生展现出积极向上的道德行为时，AI 会及时给予正面的反馈与鼓励，如同温暖的阳光照亮前行的道路；而当学生面临道德困境或做出不当选择时，AI 则会以温和而坚定的方式提供指导与建议，引导他们反思并调整自己的行为方向。这种即时、个性化的反馈机制，让学生在日常生活中就能感受到道德教育的力量，从而更加自觉地遵守道德规范，提升道德素养。

此外，AI 还凭借其强大的数据处理与分析能力，根据每位学生的学习进度、兴趣偏好以及道德认知水平的变化，智能推荐与之相匹配的道德教育资源与活动。这些资源可能包括经典的道德理论著作、生动的道德故事案例、前沿的道德研究成果等，旨在拓宽学生的道德视野，丰富他们的道德知识；而活动方面，则可能涵盖志愿服务、社会实践、道德讲堂等多种形式，让学生在亲身参与中体验道德的力量，感受道德的温暖，从而在实践中深化对道德规范的理解与认同。

这种持续性与泛在性的道德教育模式，不仅打破了时间与空间的限制，使得道德教育能够随时随地发生，还极大地提高了道德教育的实效性与针对性。学生在这种全方位、多层次的道德熏陶下，不仅能够获得丰富的道德知识与深刻的道德体验，还能够在实践中不断磨砺自己的道德意志，提升道德判断能力，最终实现道德品质的全面发展。

综上所述，AI 技术给大学生道德教育方式带来了前所未有的影响。它不仅丰富了教学内容、创新了教学方式、实现了学习过程的个性化与智能化，还重塑了师生关系、拓展了道德教育的时空边界。随着 AI 技术的不断发展与应用，我们有理由相信，未来的大学生道德教育将更加高效、更加人性化、更加贴近社会现实与学生需求。

第四节　对大学生道德观念与行为模式的影响

信息化社会对大学生道德观念与行为模式产生了深远的影响，这些影响既包含积极方面，也伴随着一些挑战。

一、对道德观念的影响

（一）多元化与包容性增强

信息化社会提供了丰富的信息资源和交流平台，大学生能够接触到来自世界各地的不同文化和价值观，从而促进了道德观念的多元化和包容性。他们更加尊重和理解不同背景下的道德选择，形成更加开放和包容的道德观念。

在信息化社会的浪潮中，互联网以其无远弗届的力量，构建了一个浩瀚无垠的信息海洋与即时互动的交流平台。这个虚拟而又真实的空间，如同一个巨大的文化熔炉，汇聚了全球各地的思想火花与价值观念，为当代大学生打开了一扇通往世界的大门。

大学生，作为这个时代的弄潮儿和未来的希望，他们不仅拥有强烈的求知欲和探索欲，更具备跨越国界、拥抱多元文化的勇气和能力。通过搜索引擎、社交媒体、在线论坛等多种渠道，他们可以轻松触及世界各个角落的文化瑰宝和道德观念，从东方的儒家伦理到西方的基督教道德，从非洲的部落传统到美洲的现代思潮，无一不成为他们学习和思考的对象。

这种跨越时空的文化交流，极大地拓宽了大学生的视野，使他们的道德观念不再局限于单一的文化框架之内。他们开始意识到，道德并非一成不变、普遍适用的绝对标准，而是与特定的历史、文化和社会背景紧密相连的。因此，他们学会了以更加开放和包容的心态去审视和理解不同文化背景下的道德选择，尊重每一种道德观念的独特性和合理性。

在这种过程中，大学生逐渐形成了一种更加开放和包容的道德观念。他们不再简单地以"对"或"错"来评判他人的行为，而是尝试从多个角度、多个层面去分析和理解其背后的动机和原因。他们更加关注道德观念的相对性和多样性，愿意倾听不同的声音、接受不同的观点，并在此基础上进行深入的思考和探讨。

这种开放和包容的道德观念，不仅有助于大学生更好地适应信息化社会的复杂性和多变性，更能够培养他们成为具有全球视野和跨文化交流能力的未来领袖。他们将以更加开放的心态去拥抱世界、理解他人，以更加包容的胸怀去化解分歧、促进合作，共同构建一个更加和谐、稳定和繁荣的世界。

（二）主流价值观的挑战

然而，信息化社会也带来了大量复杂多样的信息，其中不乏偏离主流价值观的内容。大学生在接触这些信息时，可能会受到一定的冲击和影响，导致主流价值观模糊化。例如，拜金主义、享乐主义等错误价值观可能通过网络传播，对大学生的道德观念产生负面影响。

信息化社会在赋予我们前所未有的信息获取便利性的同时，也悄然编织了一张复杂多变的信息网，其中不仅包含了丰富有益的知识与见解，也混杂着大量未经筛选、良莠不齐的内容。这些复杂多样的信息如同潮水般汹涌而来，其中不乏一些偏离社会主流价值观甚至具有误导性的观点与理念。对于正处于价值观形成关键阶段的大学生而言，他们在广泛接触这些信息时，难免会遭遇思想的碰撞与冲击，进而可能在一定程度上导致其对主流价值观的辨识能力减弱，价值观边界变得模糊。

具体而言，信息化社会中，拜金主义、享乐主义等错误价值观借助网络平台的广泛传播，犹如一股暗流，悄然侵蚀着部分大学生的心灵。这些价值观往往以华丽的外表和诱人的承诺为伪装，诱导大学生追求物质享受、忽视精神追求，将个人价值的实现片面地等同于金钱与地位的累积。长此以往，不仅可能使大学生陷入物质欲望的漩涡，丧失对真正人生意义的探索与追求，还可能对他们的道德观念造成严重的扭曲与损害，使其在面对道德抉择时变得迷茫与动摇。

因此，面对信息化社会带来的这一挑战，我们需要引导大学生树立正确的信息筛选与批判性思维能力。通过加强媒介素养教育，帮助他们学会辨别信息的真伪与价值，培养独立思考与理性判断的能力。同时，还需加强主流价值观的引导与弘扬，通过正面典型的树立与宣传，激发大学生对真善美的向往与追求，从而有效抵御错误价值观的侵扰与影响，确保他们的道德观念在信息化社会的洪流中保持清醒与坚定。

（三）自我意识的提升与困惑

信息化社会为大学生提供了更多的自我表达和展示的平台，有助于他们提升自我意识。但同时，海量信息的涌入也可能使大学生在自我认知和价值定位上产生困惑，甚至出现自我意识弱化的现象。

信息化社会如同一股强劲的东风，为大学生群体吹开了一片广阔无垠的自我表达与展示的舞台。从博客、微博到短视频平台、社交媒体，再到各类在线论坛和创意分享网站，这些多元化的渠道不仅让大学生能够轻松跨越地理界限，与世界各地的同龄人交流思想、分享见解，还为他们提供了前所未有的机会来展现自我风采、表达个性主张。在这样的环境中，大学生们更加勇于尝试、敢于创新，他们的自我意识在不断地表达与反馈中得到了显著的提升，更加清晰地认识到自己的兴趣、特长以及在社会中的位置和价值。

然而，正如硬币的两面，信息化社会在赋予大学生更多自我表达空间的同时，也带来了海量信息的洪流。这些信息如同潮水般涌来，覆盖了各个领域、各个层面，既有积极正面的知识与见解，也不乏消极负面的谣言与偏见。面对如此庞大的信息量，大学生们往往需要在短时间内做出筛选、判断与吸收，这无疑对他们的信息处理能力提出了极高的要求。在这样的背景下，部分大学生可能会因为信息过载而感到焦虑、迷茫，甚至产生自我认知上的困惑。他们可能会对自己的兴趣、能力、价值等产生怀疑，难以形成稳定的自我认同和价值定位。更有甚者，长期沉浸在信息海洋中，缺乏深度思考与自我反思的机会，可能会逐渐丧失对自我主体的关注与掌控，出现自我意识弱化的现象。

因此，在信息化社会中，大学生在享受自我表达与展示带来的自由与快乐的同时，也需要学会如何有效地管理信息、保护自己的自我意识。这包括培养批判性思维、提升信息素养、保持独立思考的能力等。只有这样，他们才能在复杂多变的信息环境中保持清醒的头脑、坚定的立场和强烈的自我意识，为未来的成长与发展奠定坚实的基础。

二、对行为模式的影响

（一）学习方式的变革

信息化社会如同一股强劲的变革力量，深刻地重塑了大学生的学习生态，为他们的学习之旅铺设了一条前所未有的宽广大道。在这个时代，网络不再仅仅是信息传递的媒介，而是成为大学生获取知识、深化理解、拓宽视野的宝库。他们轻点鼠标或滑动屏幕，便能穿越时空的限制，触及全球顶尖的学术资源、前沿的科研成果以及丰富多样的学习材料，这种便捷性极大地拓宽了学习的边界，让学习不再受限于教室的四壁和固定的课程表。

信息化社会极大地改变了大学生的学习方式。他们可以通过网络获取丰富的学习资源，进行自主学习和协作学习。这种学习方式不仅提高了学习效率，还培养了他们的创新能力和批判性思维。本研究中多有论述，在此不再赘述。

（二）网络行为的规范化

随着信息技术的飞速发展，网络空间已成为大学生学习、交流、娱乐不可或缺的重要平台。面对这一新兴领域的蓬勃兴起，社会各界对加强网络道德教育与完善相关法律法规的呼声日益高涨。在这一背景下，一系列旨在提升大学生网络素养、规范网络行为的举措相继出台，并取得了显著成效。

网络道德教育作为引导大学生树立正确网络观念、培养良好网络行为的关键环节，近年来得到了前所未有的重视。高校纷纷将网络道德教育纳入课程体系，通过开设专门课程、举办讲座论坛、组织实践活动等多种形式，深入浅出地向大学生传授网络道德知识，引导他们认识到网络不是法外之地，任何言行都应遵循社会公德和法律法规。同时，还注重培养学生的自我约束能力和道德判断能力，使他们在面对纷繁复杂的网络信息时能够保持清醒头脑，做出正确选择。

与此同时，国家层面也加大了对网络空间治理的力度，不断完善相关法律法规体系。一系列针对网络谣言、网络暴力、网络诈骗等违法行为的法律法规相继出台，为打击网络犯罪、维护网络秩序提供了有力保障。这些法律法规的完善，不仅为大学生在网络空间中的行为划定了清晰的界限，也让他们更加明确了自己的责任和义务，从而更加自觉地遵守网络秩序，共同维护网络空间的清朗。

在网络道德教育与法律法规的双重作用下，大学生的网络行为逐渐趋于规范化。他们开始更加注重网络礼仪和道德规范，在交流过程中使用文明用语、尊重他人隐私、不传播未经证实的信息；在参与网络活动时，积极践行社会主义核心价值观，传播正能量、弘扬主旋律；在面对网络挑战时，能够保持冷静理性、勇于担当责任。这些积极的变化不仅提升了大学生自身的网络素养和道德水平，也为构建和谐、健康、有序的网络空间贡献了青春力量。

（三）现实交往能力的弱化

然而，信息化社会也带来了一些负面影响。由于网络的虚幻性和隐蔽性，一些大学生过度依赖网络进行社交和娱乐，导致现实交往能力下降。他们可能缺乏面对面的沟通技巧和情感表达能力，甚至出现自闭或扭曲的心理状态。

信息化社会在赋予我们前所未有的便捷与连接的同时，也悄然埋下了一些不容忽视的负面影响。网络的虚幻性与隐蔽性，如同一层面纱，既为个体提供了保护色，也悄然构建了一个与现实世界并行却又截然不同的虚拟空间。在这样的环境下，一部分大学生逐渐陷入了对网络社交和娱乐的过度依赖之中，这种依赖是具有双面性的，在带来短暂欢愉的同时，也悄然侵蚀着他们与现实世界的联系与互动能力。

过度沉迷于网络社交，大学生们可能渐渐发现，自己在现实生活中的交往能力正在逐渐退化。网络上的交流，虽然便捷且能跨越时空限制，但往往缺乏面对面沟通时所能传递的丰富非言语信息，如肢体语言、面部表情等。这种缺失，使得他们在现实交往中显得生硬、不自然，难以建立深层次的情感联系。此外，网络上的交流往往可以经过精心构思与修饰，而现实交往则要求即时的反应与真实的自我展现，这对于习惯了网络交流模式的大学生而言，无疑是一个巨大的挑战。

更为严重的是，长期沉浸在网络的虚幻世界中，部分大学生可能会逐渐丧失对现实生活的兴趣与热情，变得孤僻、自闭。他们可能更愿意在虚拟空间中寻找认同与归属感，而忽视了现实生活中的人际关系与情感交流。这种心理状态，不仅会影响他们的学习与生活质量，还可能进一步导致情感上的扭曲与心理上的问题。他们可能会因为无法适应现实世界的规则与压力，而产生逃避、焦虑、抑郁等负面情绪，进而影响到个人的健康成长与发展。

因此，面对信息化社会带来的这一负面影响，我们必须引起足够的重视与警惕。在享受网络带来的便利与乐趣的同时，我们也要引导大学生树立正确的网络观念与生活习惯，鼓励他们积极参与现实生活中的社交与活动，提升自己的现实交往能力与情感表达能力。只有这样，我们才能确保大学生在信息化社会中健康、全面地成长与发展。

（四）道德行为的选择与冲突

在信息化社会中，大学生面临着更多的道德行为选择和冲突。他们需要在复杂多变的信息环境中做出正确的道德判断和行为选择。这要求他们具备较高的道德素养和判断能力，以应对各种道德挑战。

在信息化社会这片浩瀚无垠的信息海洋中，大学生作为其中的弄潮儿，不仅享受着信息自由流通带来的知识盛宴与思想碰撞，同时也不可避免地置身于一个道德行为选择与冲突日益增多的复杂环境之中。这个环境充满了多样性、不确定性和即时性，每一刻都在考验着他们的道德良知与决策智慧。

面对纷繁复杂的网络世界，大学生需要在海量且往往相互矛盾的信息洪流中，保持清醒的头脑，做出符合社会主流价值观和伦理规范的行为选择。这不仅仅是一个简单的对错判断问题，更是对他们道德素养、价值观念、法律意识以及批判性思维能力的综合考验。他们必须学会在信息的迷雾中辨识真伪，区分善恶，坚守道德底线，不被虚假信息所蒙蔽，不被极端言论所煽动。

为此，大学生需要具备较高的道德素养，这包括但不限于诚信、尊重、责任、公正等核心价值观的内化与实践。他们应当认识到，作为社会的一员，自己的言行举止不仅关乎个人形象与声誉，更对周围人乃至整个社会产生着深远的影响。因此，在做出任何道德选择之前，他们都应该深思熟虑，充分考虑行为的后果与影响，确保自己的决策既符合个人良心，也符合社会公义。

同时，大学生还需要培养敏锐的判断能力，以应对各种突如其来的道德挑战。这要求他们具备扎实的理论基础和广泛的知识储备，能够运用逻辑推理、价值分析等方法，对复杂问题进行深入剖析和理性判断。此外，他们还应该注重实践经验的积累，通过参与社会实践、志愿服务等活动，深入了解社会现实，增强对道德问题的敏感性和处理能力。

总之，在信息化社会中，大学生面临着前所未有的道德行为选择与冲突。只有具备较高的道德素养和判断能力，他们才能在复杂多变的信息环境中保持清醒与坚定，做出正确的道德判断和行为选择，为构建和谐、文明、有序的网络空间贡献自己的力量。

第二章　大学生道德教育现状分析

大学生道德教育是一个复杂而多维的话题，涉及教育理念、课程设置、教学方法、学生态度及社会环境等多个方面。

一是从教育理念与重视程度方面看，教育理念较过去发生了较大转变。随着社会的进步和教育改革的深入，越来越多的高校开始重视大学生道德教育，将其视为培养全面发展人才的重要组成部分。然而，部分高校仍存在"重智育、轻德育"的现象，道德教育在实际教学中被边缘化。另外从政策方面看，近年来，国家层面出台了一系列政策文件，强调加强大学生思想政治教育和道德教育，如《关于加强和改进新形势下高校思想政治工作的意见》等，为高校开展道德教育提供了政策支持和方向指引。

二是从课程体系设置与教学内容选择方面看，大多数高校已建立相对完善的道德教育课程体系，涵盖思想政治理论课、形势与政策教育、心理健康教育等多个方面。这些课程旨在帮助学生树立正确的世界观、人生观和价值观，提升道德素养。道德教育课程内容也日益丰富多样，不仅注重理论知识的传授，还加强了对社会热点问题的探讨和引导学生关注现实社会的道德教育。然而，部分课程内容仍显陈旧，缺乏时代感和针对性，难以有效激发学生的兴趣和共鸣。

三是从教学方法与手段方面看，许多高校在道德教育过程中采用多样化教学方法和手段，如课堂讲授、小组讨论、案例分析、社会实践等，以提高学生的参与度和学习效果。特别是随着互联网技术的发展，线上教学平台、虚拟仿真实验室等新型教学手段逐渐应用于道德教育领域。实践教学在道德教育中占据重要地位。通过组织学生参与志愿服务、社会实践等活动，让学生在实践中体验道德价值、培养社会责任感。然而，部分高校在实践教学方面仍存在资源不足、组织不力等问题。

四是从学生态度与行为表现方面看，大多数学生对道德教育持积极态度，认为道德教育对于个人成长和社会发展具有重要意义。他们愿意参与道德教育活动，努力提升自己的道德素养。尽管学生在态度上表现出对道德教育的认同和支持，但在实际行为中仍存在较大差异。部分学生能够自觉践行道德规范和社会责任，而部分学生则存在道德认知与行为脱节的现象。

五是从社会环境与影响因素方面看，全球化进程加速使得大学生面临更加多元的文化和价值观念冲击。一方面，这有助于拓宽学生的国际视野和跨文化交流能力；另一方面，也可能导致部分学生价值观迷茫和道德选择困惑。互联网技术的普及为大学生提供了丰富的信息资源和交流平台，但同时也带来了网络暴力、虚假信息等不良现象的影响。这些不良现象可能对学生的道德观念和行为产生负面影响。

六是从家庭与学校教育合作方面看，家庭教育和学校教育是影响大学生道德观念和行为的重要因素。家庭是学生道德教育的第一课堂，父母的言传身教对学生具有深远影响；而学校教育则通过系统的课程设置和教学方法引导学生形成正确的道德观念和行为习惯。然而，部分家庭和学校在教育过程中存在"重智育、轻德育"的倾向，导致学生在道德成长方面存在不足。

综上所述，当前大学生道德教育现状呈现出教育理念逐渐转变、课程体系不断完善、教学方法日益多样化等积极态势；但同时也存在重视程度不一、教学内容陈旧、学生行为差异大、社会环境复杂多变等问题和挑战。因此，需要高校、家庭、社会等多方面共同努力，加强大学生道德教育工作的研究和实践，不断提升道德教育的针对性和实效性。

第一节 教育成效与经验总结

一、信息化手段在道德教育中的成功案例

（一）利用大数据进行个性化道德教育

1. 案例概述

在信息化高速发展的今天，某高校积极探索道德教育的新路径，创新性地利用大数据技术，对学生的网络行为、学习数据、社交互动等多维度信息进行全面、深入地分析。这一举措旨在精准识别每位学生的道德认知特点、行为习惯以及潜在的发展需求，从而为每位学生量身定制一套个性化的道德教育方案。

具体而言，学校通过大数据分析，能够洞察学生在不同情境下的道德判断和行为选择，进而发现他们在道德发展上的优势和不足。例如，对于在网络社交中表现出较强自我意识但缺乏同理心的学生，学校会特别关注他们在社交平台上的发言、互动模式等，通过数据分析揭示其背后的道德认知偏差。随后，学校会针对这部分学生设计特定的课程和活动，如开设"同理心与沟通"工作坊、组织志愿服务活动等，引导他们更多地关注他人的感受和需求，逐步培养同理心和责任感。

2. 实施效果

经过一段时间的实践与探索，这种基于大数据的个性化道德教育方案取得了显著成效。学生的道德认知水平得到了明显提升，他们开始更加自觉地践行道德规范，展现出更加积极、健康的道德风貌。同时，学生的行为表现也有了显著改善，无论是在校园内还是社会中，他们都更加懂得尊重他人、关心社会，形成了良好的道德行为习惯。

更重要的是，这种个性化的道德教育方案还促进了学生的全面发展。通过参与定制化的课程和活动，学生不仅提升了道德素质，还在思维能力、沟通能力、团队协作能力等多个方面得到了锻炼和提升。这种综合性的教育效果，为学生的

未来成长和发展奠定了坚实的基础。

综上所述，利用大数据进行个性化道德教育是一种富有创新性和实效性的教育模式。它不仅能够精准满足学生的个性化发展需求，还能够有效提升学生的道德认知水平和行为表现，为学生的全面发展注入新的活力。

（二）虚拟现实技术在道德教育中的应用

1. 案例概述

在道德教育的探索与创新中，另一所高校独辟蹊径，创新性地引入了虚拟现实技术，并基于这一前沿科技开发了道德教育虚拟仿真平台。这一平台为学生提供了一个高度模拟、沉浸式的道德学习环境，使他们能够在虚拟环境中亲身体验和模拟各种道德情境。

例如，学生可以置身于公共场所的虚拟场景中，通过模拟文明行为或不当行为，直观感受其行为对他人和社会环境的影响，从而深刻理解文明行为的重要性。在团队合作的虚拟情境中，学生则能体验到责任担当的角色，学习如何在团队中发挥作用，以及不履行职责可能带来的后果，进而认识到责任感的价值。

通过这些虚拟情境的模拟和亲身体验，学生不仅能够从理论上学习道德规范，更能在实践中感受到道德规范的重要性和实践意义，从而实现道德认知与道德行为的有机结合。

2. 实施效果

虚拟现实技术的应用在道德教育中取得了显著成效。它极大地提高了道德教育的趣味性和互动性，使得原本可能枯燥的道德规范学习变得生动有趣。学生在虚拟环境中经历道德冲突和抉择，这种身临其境的体验方式让他们对道德规范有了更深刻的认识和感悟。

许多学生在接受虚拟现实道德教育后表示，他们在面对现实生活中的道德问题时，能够更加自信地做出正确的判断和选择。这表明，虚拟现实技术不仅增强了学生对道德规范的理解，还提升了他们在实际生活中应用这些规范的能力。

综上所述，虚拟现实技术在道德教育中的应用是一种富有创新性和实效性的教育手段。它为学生提供了一个全新的、沉浸式的道德学习环境，使他们在亲身体验和互动中深刻理解道德规范的重要性和实践意义，进而促进他们道德品质的全面提升。

（三）线上线下融合的道德教育模式

1. 案例概述

在当今信息化与教育深度融合的大背景下，某高校积极探索并成功构建了线上线下融合的道德教育模式，旨在为学生提供更为全面、深入且富有实效性的道德教育体验。

在线上方面，学校充分利用网络平台的优势，为学生提供了丰富多样的道德教育资源和学习工具。这些资源涵盖了在线课程、道德论坛、案例分析、互动问答等多种形式，既满足了学生自主学习的需求，又为他们提供了与教师和同学交流互动的平台。通过这些线上资源的学习，学生可以系统地掌握道德理论知识，了解道德规范的内涵和要求，为线下的实践体验打下坚实的基础。

而在线下方面，学校则注重将道德教育与实践活动相结合，组织了一系列丰富多彩的道德实践活动。这些活动包括志愿服务、道德讲堂、主题班会、道德模范评选等，旨在让学生在实践中感受道德的力量，将所学的理论知识转化为实际行动。通过这些实践活动的参与，学生可以亲身体验到道德规范在社会生活中的重要作用，进一步增强他们的道德实践能力。

通过线上线下的有机结合，这种道德教育模式实现了理论学习与实践体验的相互促进和共同提升。学生不仅可以在线上系统地学习道德理论知识，还可以在线下通过实践活动将所学知识转化为实际行动，从而在实践中不断深化对道德规范的理解和认识。

2. 实施效果

这种融合式的道德教育模式在实施过程中得到了广大师生的广泛认可和高度评价。学生普遍表示，线上学习为他们提供了便捷的学习途径和丰富的知识资源，使他们能够随时随地地进行自主学习和互动交流；而线下实践则让他们有机会将所学知识转化为实际行动，通过亲身参与和体验来增强道德实践能力。这种线上线下相融合的教育模式不仅提高了学生的道德认知水平，还培养了他们的道德实践能力和社会责任感。

（四）基于社交媒体的道德教育创新

1. 案例概述

在社交媒体日益成为人们生活不可或缺的一部分的今天，某高校敏锐地捕捉到了这一趋势，并创新性地将其应用于道德教育之中。学校充分利用微博、微信公众号等广受欢迎的社交媒体平台，定期发布一系列富有启发性和引导性的内容，如道德故事、名言警句、时事评论等，旨在引导学生关注社会热点和道德问题，激发他们的思考和讨论。

除了发布内容，学校还积极鼓励学生参与线上讨论，分享自己的道德见解和经历。通过设立特定的话题和讨论区，学生可以在平台上自由发表观点，与其他同学进行交流和互动，形成了一个活跃、开放的道德学习社区。这种互动不仅增强了学生对道德问题的理解和认识，还培养了他们的批判性思维和表达能力。

2. 实施效果

社交媒体平台的运用在道德教育中取得了显著的效果。它极大地拓宽了道德教育的传播渠道和影响力，使得道德知识和信息能够更广泛地触达学生群体。学生在平台上不仅可以获取到丰富的道德资源和信息，还可以与其他同学进行实时的交流和互动，这种互动式的学习方式极大地提高了他们的参与度和学习兴趣。

许多学生在参与线上讨论后表示，他们的道德观念和行为习惯得到了积极的影响和改变。通过与其他同学的交流和碰撞，他们更加深入地理解了道德规范的内涵和价值，也更加自觉地将这些规范应用到自己的日常生活中。这种基于社交媒体的道德教育创新不仅增强了学生的道德认知，还促进了他们道德行为的积极转变。

（五）多媒体教学在德育课程中的应用

1. 案例概述

在某高校的心理健康课程中，教师积极探索并实践了多媒体教学手段，旨在通过更为直观、生动的方式引导学生深入思考生命的价值。在这一课程中，教师特别选取了桑兰的成长历程作为教学案例，通过展示桑兰的成长录像片段，带领学生一同走进她的生命世界。

在《珍爱生命》这一课中，教师精心设计了教学环节，分段展示了桑兰从童年成长到体育辉煌、意外受伤、面对高位截瘫的困境依然坚持上大学，最终成为节目主持人的完整历程。每一个片段都配以深情的解说和背景音乐，使得整个展示过程充满了感染力和震撼力。这种直观、生动的展示方式让学生仿佛亲身经历了桑兰的喜怒哀乐，深刻感受到了生命的坚韧与珍贵。

通过这种多媒体教学手段，教师成功地引导学生将视线从课堂转向了更为广阔的生命世界，引发了他们对自身生命的共鸣和思考。学生们在观看录像的过程中，不时发出阵阵感慨和赞叹，对生命的敬畏和珍视之情油然而生。

2. 实施效果

多媒体教学在德育课程中的应用取得了显著的效果。在课堂上，学生们积极参与讨论，主动发表自己对生命的感言和看法，课堂氛围热烈而活跃。这种教学方式不仅提高了学生的参与度，还极大地加深了他们对生命价值的理解。

同时，多媒体教学也促进了师生之间的情感交流和心灵沟通。在观看录像和讨论的过程中，教师和学生共同分享了对生命的感悟和思考，彼此之间的心灵距离得到了拉近。这种情感上的共鸣和沟通使得德育课程更加具有吸引力和感染力，也让学生们在轻松愉快的氛围中接受了深刻的道德教育。

（六）网络思政工作室的创新实践

1. 案例概述

吉林财经大学的"大兵小将"网络思政工作室，作为新时代高校网络思政工作的佼佼者，以其独特的创新实践成为业界的典范。该工作室深入贯彻立德树人的根本任务，积极适应互联网时代的新特点，主动出击，成功占领了网络思想政治工作的新高地。

通过吉林财经大学学工处官方网站、微信公众平台、视频号、抖音号等多个新媒体平台，"大兵小将"网络思政工作室构建了一个全方位、多层次的网络思政工作体系。在这个体系中，工作室充分发挥创意，将学生的思想引领与青年学生喜闻乐见的网络热点进行巧妙结合，推出了一系列富有创意和内涵的原创作品。

这些原创作品涵盖了榜样宣传、对话交流、校园文化展示等多个方面，既贴近学生生活，又富有教育意义。例如，在榜样宣传方面，工作室通过深入挖掘身边的优秀学生和教师事迹，用生动的文字和图片讲述他们的故事，激发学生们的向学之心和奋斗之志。在对话交流方面，工作室则利用新媒体平台的互动性，与学生进行实时互动和交流，解答他们的疑惑和困惑。在校园文化展示方面，工作室则通过精美的图片和视频，将吉林财经大学的校园文化和精神风貌展现得淋漓尽致。

2. 实施效果

"大兵小将"网络思政工作室的创新实践取得了显著的效果。工作室凭借其高质量的原创作品和贴近学生的宣传方式，吸引了大量忠实粉丝的关注和支持。其累计阅读量已经突破千万大关，实现了关注度、美誉度和影响力的持续提升。

同时，这种线上线下相结合的教育方式也有效提高了思想政治教育的针对性和实效性。[①] 通过新媒体平台的广泛传播和深入互动，工作室成功地将思想政治教育融入学生的日常生活，让他们在轻松愉快的氛围中受到深刻的思想洗礼和教育。这种创新实践不仅为吉林财经大学的思想政治教育工作注入了新的活力和动力，也为其他高校提供了有益的借鉴和参考。

---

① 颜莎莎. 现代化视域下高校思想政治教育方法创新研究 [D]. 西安：西安理工大学，2020：45.

（七）手机媒体在思政教育中的应用

1. 案例概述

随着移动互联网的飞速发展，许多高校开始探索并利用手机媒体这一新兴平台，创新性地开展思想政治教育。四川农业大学与中国移动雅安分公司的合作就是一个典型的例子。双方携手打造了毕业生就业信息短信平台，这一平台能够实时、准确地向学生发送最新的就业政策、招聘信息以及职业规划建议，极大地便利了学生获取就业资讯，提高了他们的就业竞争力。

除了就业信息服务，手机媒体在高校思想政治教育中的应用还体现在其他方面。例如，班干部通过手机短信的方式，及时向老师反馈学生的思想动态和情绪变化，这使得教育者能够迅速掌握学生的实际情况，从而更有针对性地开展思想政治教育，提高了教育的效率和效果。

值得一提的是，一些高校还充分利用手机短信的安全私密特点，将其作为心理辅导的重要工具。通过短信，心理辅导老师可以与学生进行一对一的沟通，帮助他们解决心理问题，缓解压力，提升心理健康水平。这种方式既保护了学生的隐私，又提供了及时有效的心理支持。

2. 实施效果

这种基于手机媒体的即时、便捷沟通方式，不仅极大地提高了思想政治教育的时效性，使得教育内容能够迅速传达给学生，还显著增强了师生之间的信任感和亲密度。学生通过手机媒体感受到来自学校的关怀和支持，更加愿意敞开心扉与老师交流，形成了良好的师生互动氛围。同时，手机媒体的应用也为学生提供了更加全面、贴心的服务，无论是就业信息、思想动态反馈还是心理辅导，都能够在这一平台上得到及时有效的解决。这种创新性的教育方式无疑为高校思想政治教育的现代化发展开辟了新的道路。

（八）信息技术课堂中的德育渗透

1. 案例概述

在信息技术快速发展的今天，信息技术课堂不仅仅是技术传授的场所，更是德育渗透的重要阵地。教师们在这一领域积极探索，巧妙地将德育元素融入技术教学，旨在培养学生的综合素养和道德品质。

以语文《啰唆大王改游记》一课为例，教师不仅仅满足于教授学生 Word 文档编辑技术，更注重通过这一过程培养学生的科学精神和责任感。在课堂上，教师首先引导学生理解游记的基本构成和写作要点，然后让他们亲手实践，利用 Word 文档编辑技术来修改和完善一篇啰唆冗长的游记。

在修改文档的过程中，教师特别强调了文章内容的合理性和准确性，要求学生对游记中的每一个细节进行仔细推敲和核实。教师引导学生思考：游记中的描述是否真实可信？是否有夸张或虚构的成分？通过这样的引导，教师不仅传授了技术知识，还成功地培养了学生的诚信意识和责任感。

2. 实施效果

这种在信息技术课堂中巧妙融入德育元素的教学方式取得了显著的效果。学生在掌握 Word 文档编辑技术的同时，也深刻体会到了科学精神和责任感的重要性。他们开始更加注重信息的真实性和可靠性，在日常生活和学习中也更加注重诚信和负责的态度。

这种潜移默化的德育渗透方式不仅提升了学生的技术素养，更在无形中塑造了他们的道德品质。学生们在轻松愉快的课堂氛围中接受了深刻的道德教育，他们的综合素养和道德品质得到了有效的提升。这种创新的教学方式也为信息技术课堂注入了新的活力和内涵。

（九）网络热点事件的思政教育引导

1. 案例概述

随着互联网的普及和社交媒体的发展，网络热点事件频发，对大学生的思想观念和行为方式产生着深远影响。为了有效应对这一挑战，一些高校积极介入网络热点事件的思政教育引导，通过官方渠道及时发布权威信息，引导学生正确看待问题，培养他们的法治意识和道德观念。

以网络暴力事件为例，当这类事件在网络上引发广泛关注时，高校辅导员迅速反应，通过网络平台发布相关文章和讲座信息。这些内容不仅揭示了网络暴力的危害性和违法性，还提供了应对和预防网络暴力的具体建议。辅导员通过生动的案例分析和深入浅出的讲解，帮助学生深刻认识到网络暴力对个人和社会的负面影响，引导他们树立正确的网络道德观念，倡导文明、理性的网络行为。

2. 实施效果

这种及时、有效的引导方式在思政教育中取得了显著效果。首先，它帮助学生澄清了模糊认识，使他们能够更加客观、理性地看待网络热点事件。其次，通过辅导员的权威解读和引导，学生的法治意识和道德观念得到了显著增强。他们开始更加注重自己的网络言行，遵守法律法规，尊重他人权益。最后，这种引导方式还促进了校园网络文化的健康发展。学生们在正确的价值导向下，积极参与校园网络文化建设，共同营造了一个文明、和谐、积极向上的网络环境。

（十）"互联网+"时代下的主题教育网站

1. 案例概述

在"互联网+"时代背景下，华中师范大学积极适应新媒体发展趋势，深入学习并贯彻相关教育政策精神，创新性地构建了一系列针对大学生思想政治教育的新媒体平台。这些平台涵盖了宣传教育网站、官方微博、微信公众号等多个渠道，形成了一个全方位、多层次的网络教育体系。

这些新媒体平台以丰富的内容、生动的形式和便捷的传播方式，迅速吸引了大量学生的关注和参与。学校定期在这些平台上发布主题教育文章，内容涵盖时事政治、历史文化、道德修养等多个方面，旨在引导学生树立正确的世界观、人生观和价值观。同时，平台还积极开展在线讨论，鼓励学生就热点话题发表自己的观点和看法，增强了教育的互动性和针对性。

除了文字内容，这些平台还充分利用图片、视频、音频等多媒体形式，以更加生动、直观的方式展示教育内容，提高了学生的学习兴趣和参与度。此外，学校还通过组织网络文化活动、在线知识竞赛等形式，进一步丰富了平台的教育内容，增强了教育的吸引力和感染力。

2. 实施效果

这些主题教育网站和新媒体平台的建设取得了显著的效果。首先，它们为学生提供了便捷的学习渠道，使学生能够随时随地获取到丰富的教育资源。其次，通过平台上的互动交流，师生之间的关系得到了进一步的拉近，学生的参与感和归属感得到了显著增强。同时，这些平台还成为学生展示自我、锻炼能力的舞台，为他们的全面发展提供了有力的支持。

最重要的是，通过持续的内容更新和活动组织，这些主题教育网站和新媒体平台逐渐成为学生思想政治教育的重要阵地。它们不仅传播了正确的价值观和道德观，还引导学生积极参与社会实践和志愿服务等活动，培养了他们的社会责任感和公民意识。可以说，这些平台在"互联网+"时代下为大学生思想政治教育工作开辟了新的道路，注入了新的活力。

（十一）校园 App 在思政教育中的应用

1. 案例概述

随着移动互联网技术的快速发展，越来越多的高校开始探索将思政教育内容与校园 App 相结合的新模式。这些专门开发的校园 App 不仅提供了课程表、成绩查询等基本信息服务，还创新性地设置了思政教育专栏，为学生提供了一个全新的学习平台。

在思政教育专栏中，学校定期发布时事热点分析，帮助学生及时了解国内外重要事件，并引导他们从思政教育的角度进行深入思考。同时，专栏还宣传道德模范事迹，通过生动的故事和感人的事例，激发学生的道德情感和向上向善的力量。此外，心理健康知识也是专栏的重要内容之一，它帮助学生更好地认识自我、调节情绪，促进身心健康。

除了丰富的内容，这些校园 App 还提供了在线答题、互动讨论等功能。学生可以通过在线答题来检验自己的学习成果，巩固所学知识。而互动讨论区则为学生提供了一个自由交流的平台，他们可以就某一话题发表自己的观点，与老师和同学进行深入的探讨和交流。

2. 实施效果

校园 App 在思政教育中的应用取得了显著的效果。首先，它使得思政教育更加贴近学生的日常生活，学生可以随时随地通过手机获取最新的思政教育信息，提高了学习的便捷性和时效性。其次，通过 App 上的丰富内容和互动功能，学生的学习兴趣和参与度得到了显著提升。他们不再只是被动地接受知识，而是更加主动地参与到学习过程中来。最后，校园 App 还促进了师生之间的互动交流，增强了教育的互动性和针对性。老师可以通过 App 及时了解学生的学习情况和思想动态，为他们提供更加个性化的指导和帮助。

（十二）虚拟现实（VR）技术在道德教育中的创新应用

1. 案例概述

随着虚拟现实（VR）技术的飞速发展，其在教育领域的应用也日益广泛。特别是在道德教育方面，一些高校开始积极探索并尝试将 VR 技术融入其中，以期通过这一创新手段提升学生的道德素养和道德判断能力。

具体来说，这些高校利用 VR 技术模拟了各种道德困境场景，如职场腐败、家庭伦理冲突、社会公德挑战等。学生在佩戴 VR 设备后，能够身临其境地进入这些虚拟场景，仿佛置身于真实的道德困境之中。他们需要在虚拟环境中进行道德判断和选择，面对各种复杂的道德问题，并思考如何做出正确的决策。

这种身临其境的体验方式极大地增强了道德教育的吸引力和感染力。学生不再只是被动地接受道德知识的传授，而是能够在虚拟环境中主动思考、实践和体验。通过这种方式，学生能够更加深刻地感受到道德问题的复杂性和多样性，进而提高他们的道德敏感性和道德判断能力。

2. 实施效果

虚拟现实技术在道德教育中的创新应用取得了显著的效果。首先，它极大地激发了学生的学习兴趣和好奇心。与传统的课堂讲授相比，VR 技术提供了一种全新的、更具沉浸感的学习方式，使学生更加愿意参与到道德教育中来。

其次，通过模拟真实场景，VR 技术让学生更加直观地感受到道德问题的现实性和紧迫性。学生在虚拟环境中做出的每一个选择都可能产生不同的后果，这种即时的反馈机制使他们更加深刻地认识到道德行为的重要性和影响力。

最后，这种创新的教学方式有助于培养学生的道德情感和道德意志。学生在面对虚拟场景中的道德困境时，需要权衡利弊、做出决策，并承担相应的责任。这种过程不仅锻炼了他们的道德判断能力，还培养了他们的道德责任感和坚韧不拔的道德意志。可以说，虚拟现实技术在道德教育中的创新应用为学生提供了一个更加生动、直观、有效的学习平台，为他们的全面发展注入了新的活力。

综上所述，国内学者在教育信息化背景下对大学生道德教育进行了深入研究和创新实践。他们通过具体案例的探索和应用，不仅推动了道德教育理论的发展和完善，还为实际教学提供了宝贵的经验和启示。

二、取得的积极成效与经验提炼

在教育信息化背景下，大学生道德教育取得了显著的积极成效，并积累了一定的宝贵经验。以下是具体的成效与经验的提炼。

（一）积极成效

1. 教育方式的创新

随着信息技术的迅猛发展，校园 App、虚拟现实（VR）等信息化手段正逐步融入教育领域，为道德教育带来了前所未有的创新。这些新颖的教学方式彻底打破了传统课堂的局限，以更加生动、直观的形式呈现道德教育内容。通过校园 App，学生可以随时随地获取丰富的道德教育资源，无论是课程学习、时事热点分析还是道德模范事迹，都能轻松掌握。而虚拟现实技术则更进一步，它让学生身临其境地进入各种道德情境，通过亲身体验来加深道德认知和理解。这种创新的教育方式不仅成功吸引了学生的注意力，还极大地提高了他们的学习兴趣和参与度，使得道德教育更加贴近学生实际，更具吸引力和感染力。

2. 教育内容的丰富与实时更新

信息化平台为道德教育内容的丰富与实时更新提供了强有力的支持。传统的道德教育往往受限于教材和教学资源的更新速度，而信息化平台则打破了这一局限。以校园 App 为例，它不仅可以提供基本的道德教育课程，还能实时推送最新的时事热点分析，帮助学生及时了解社会动态，从实际案例中汲取道德智慧。同时，平台还能展示道德模范事迹，用鲜活的故事激发学生的道德情感，引导他们向上向善。这种实时更新的教育内容，确保了道德教育的时效性和针对性，使学生能够更好地将所学知识与现实生活相结合，形成更加全面、深入的道德观念。

3. 学生道德素养的提升

信息化手段在道德教育中的深入应用，为学生道德素养的提升开辟了新路径。这些创新方式不仅使道德问题变得更为生动和具体，还帮助学生从更深层次上理解和感受道德的内涵与价值。通过虚拟现实（VR）等技术的模拟真实场景，学生能够身临其境地面对各种道德困境和挑战，这种沉浸式的学习体验极大地增强了他们的道德敏感性。在模拟场景中，学生需要做出道德判断，并选择自己的行为路径，这样的实践过程有效锻炼了他们的道德判断能力。

此外，校园 App 等平台上的互动讨论区也为学生提供了一个自由交流思想的空间。在这里，他们可以就某一道德话题发表自己的观点，与老师和同学进行深入的探讨。这种多元化的交流不仅拓宽了学生的道德视野，还促使他们在思想的碰撞中不断深化对道德问题的理解。因此，信息化手段在道德教育中的应用，不仅提升了学生的道德敏感性和判断能力，还通过实践锻炼和互动交流显著提高了他们的道德素养和道德水平。

4. 师生互动的增强

信息化平台在道德教育中的应用，极大地促进了师生之间的互动交流。传统的教育模式往往受限于时间和空间，而信息化平台则打破了这些界限，使得师生之间的沟通变得更加便捷和高效。教师可以通过校园 App 等平台，随时了解学生的学习进度、作业完成情况以及他们在道德教育中遇到的困惑和挑战。这种即时的反馈机制，让教师能够更加准确地把握学生的学习状态和思想动态，从而为他们提供更加个性化的指导和帮助。

同时，学生也可以通过信息化平台主动与教师进行沟通交流。他们可以就某一道德问题向教师请教，分享自己的思考和感悟，或者寻求教师在道德实践中的建议和指导。这种双向的互动不仅增强了教育的针对性，使得教学更加符合学生的实际需求，还极大地促进了师生之间的情感交流。在频繁的互动中，教师和学生之间建立了更加紧密的联系，彼此之间的理解和信任也得到了加深。因此，信息化平台在道德教育中的应用，不仅提升了教育的效果，还营造了一种更加和谐、积极的师生关系。

（二）经验提炼

1. 紧跟时代步伐，创新教育方式

在信息化时代背景下，道德教育面临着前所未有的机遇与挑战。为了更好地适应时代的发展，道德教育必须紧跟时代步伐，不断创新教育方式。这意味着我们需要摒弃传统教育中那些陈旧、单一的教学手段，积极引入新技术和新手段，为道德教育注入新的活力。

通过引入虚拟现实（VR）、增强现实（AR）等先进技术，我们可以为学生打造更加生动、有趣的道德教育课堂。这些技术能够模拟出真实的道德场景，让学生在虚拟环境中亲身体验道德选择带来的后果，从而更加深刻地理解道德的重要性。同时，利用校园App、在线教育平台等信息化手段，我们可以将道德教育内容以更加灵活、多样的形式呈现给学生，激发他们的学习兴趣和积极性。

总之，紧跟时代步伐、创新教育方式是信息化时代背景下道德教育的必然要求。我们应该积极探索和实践新的教学方式和手段，为道德教育注入新的活力，培养出具有高尚道德品质和良好行为习惯的新时代青年。

2. 注重内容建设，保持教育时效性

道德教育的内容建设是确保教育效果的关键环节。在信息化时代背景下，道德教育的内容必须注重时效性和针对性，以更好地适应社会发展的变化和学生成长的需求。

为了保持道德教育的时效性，我们需要借助信息化平台的优势，及时更新教育内容。通过引入最新的时事热点，我们可以让学生及时了解社会动态，分析道德事件背后的原因和影响，从而培养他们的道德敏感性和判断力。同时，我们还可以将道德模范事迹融入教育内容，用鲜活的故事和榜样力量激发学生的道德情感，引导他们积极向上、追求真善美。

除了时效性和针对性，道德教育内容还需要注重系统性和全面性。我们应该根据学生的年龄特点和认知水平，科学规划教育内容，确保学生在不同阶段都能接受到适宜的道德教育。同时，我们还要关注社会热点问题和学生的实际需求，及时调整教育内容，使其更加贴近学生的生活实际和思想动态。

总之，注重内容建设、保持教育时效性是提升道德教育效果的重要途径。我们应该充分利用信息化平台的优势，不断更新和完善教育内容，确保道德教育始终与时代发展同步，与学生的成长需求相契合。

3. 强化实践环节，提升学生道德素养

道德教育若仅停留在理论层面，将难以触及学生的心灵深处，也难以转化为他们实际行动的力量。因此，我们必须高度重视并强化道德教育的实践环节，通过多种方式让学生在实践中深入理解和感受道德问题，进而提升他们的道德素养和道德判断能力。

模拟真实场景是一种有效的实践方式。我们可以利用虚拟现实（VR）等技术，创造出接近真实的道德冲突场景，让学生在其中扮演不同的角色，体验不同选择带来的后果。这样，学生就能在实践中深刻理解道德原则，学会如何在复杂情境中做出正确的道德判断。

同时，组织丰富多样的实践活动也是必不可少的。比如，我们可以带领学生参加社区服务、环保行动等志愿服务活动，让他们在实践中践行道德理念，感受道德行为的力量。这些实践活动不仅能增强学生的社会责任感，还能培养他们的团队合作精神和奉献精神。

强化实践环节，意味着我们要将道德教育与学生的生活实际紧密结合，让他们在实践中不断锤炼道德意志，提升道德素养。这样，我们的道德教育才能真正落到实处，培养出具有高尚道德品质和良好行为习惯的新时代青年。

4. 加强师生互动，促进教育个性化

在信息化时代背景下，师生互动的重要性愈发凸显，成为提升教育质量的关键环节。教师应充分利用信息化平台，积极与学生进行互动交流，深入了解他们的学习情况和思想动态，从而为他们提供更加个性化、有针对性的指导和帮助。

通过信息化平台，教师可以便捷地获取学生的学习数据，分析他们的学习进度、掌握程度以及存在的困惑和问题。基于这些数据，教师可以制订更加个性化的教学计划，针对不同学生的需求和特点，提供差异化的教学资源和辅导。这种个性化的教学方式能够更好地满足学生的学习需求，激发他们的学习兴趣和动力。

同时，师生互动的加强还有助于促进师生之间的情感交流和信任建立。在频繁的互动交流中，教师和学生可以更加深入地了解彼此，建立起一种基于理解和尊重的师生关系。这种良好的师生关系不仅能够增强教育的感染力，还能够激发学生的学习兴趣和积极性，为他们的全面发展提供有力的支持。

综上所述，加强师生互动、推动教育个性化进程是信息化时代背景下道德教育的重要发展方向。我们应该充分利用信息化平台的优势，积极探索和实践新的师生互动模式，为道德教育注入新的活力，培养出更多具有个性化特点和创新精神的新时代青年。

第二节　存在的问题与不足

一、信息过载导致的注意力分散

在信息化时代背景下，信息技术的飞速发展极大地丰富了信息资源的获取渠道与速度，但同时也带来了"信息过载"的问题，这一问题对大学生的道德教育构成了显著挑战。

（一）注意力碎片化：难以深入思考与内省的深层次影响

在信息洪流中，大学生的注意力碎片化现象不仅局限于表面上的信息接收方式变化，更深层次地，它触及了思维习惯、知识构建乃至人格塑造的多个维度。

首先，影响深度学习与批判性思维的形成。深度学习和批判性思维是高等教育的重要培养目标，它们要求学生能够系统地分析问题、独立思考并做出合理判断。然而，当注意力被无数琐碎的信息片段切割时，大学生很难有足够的时间和精力去深入探究某一领域的知识，更难以形成连贯的、有深度的见解。这种浅尝辄止的学习方式，使得他们在面对复杂问题时往往缺乏足够的分析能力和批判精神。

其次，阻碍自我认知与情感发展的成熟。自我反省是个人成长不可或缺的一环，它帮助个体认识自我、理解情绪、调整行为。然而，在信息过载的环境中，大学生往往被外界的喧嚣所牵引，难以静下心来审视自己的内心世界。他们可能忙于追逐新鲜刺激的信息，却忽略了内心的声音和需求，导致自我认知的模糊和情感发展的滞后。这种状态下，他们可能难以建立稳定的自我认同感，也难以培养健康的人际关系和情感表达方式。

再次，削弱道德价值观的内化与实践。道德教育不仅仅是知识的传授，更是价值观的内化与实践。当大学生的注意力被无数碎片化的信息所分散时，他们很难有时间和精力去深入理解和体会道德规范的内涵和意义。即使他们暂时接受了某些道德观念，也往往因为缺乏深入的思考和体验而无法将其内化为自己的信仰和行动准则。因此，在面对道德困境时，他们可能更容易受到外界诱惑或压力的影响而做出违背道德原则的行为。

最后，加剧信息焦虑与心理压力。长期处于注意力碎片化的状态下，大学生可能会感到一种难以名状的信息焦虑。他们担心错过重要的信息或跟不上时代的步伐，从而不断地刷新社交媒体、浏览新闻推送等。这种无休止的信息追求不仅消耗了他们的时间和精力，还可能引发焦虑、抑郁等心理问题。同时，由于无法有效地管理和利用信息，他们可能会感到自己在学业、生活等方面都力不从心，进而加剧心理压力和挫败感。

（二）价值观多元化与冲突加剧：复杂信息时代的道德挑战

信息化时代带给人们的总是事物的正反两面，既为大学生打开了通往广阔世界的大门，也让他们在价值观的海洋中航行时面临前所未有的挑战。这种价值观的多元化，虽促进了思想的碰撞与交流，激发了创新活力，但同时也加剧了不同观念之间的冲突与混淆，对大学生的道德判断与选择构成了严峻考验。

1. 信息筛选难度的增加

在信息爆炸的时代，每天都有海量信息涌入大学生的视野，这些信息来自不同的文化背景、政治立场和利益诉求，蕴含着多种多样的价值观。大学生在享受信息便利的同时，也不得不面对信息筛选的难题。他们需要具备敏锐的洞察力和判断力，以区分哪些信息是真实可靠的，哪些信息是虚假误导的；哪些价值观是积极向上的，哪些价值观是消极有害的。然而，由于认知能力和社会经验的限制，许多大学生在面对复杂信息时往往感到力不从心，难以做出正确的选择。

2. 价值观冲突的加剧

价值观的多元化必然导致不同观念之间的碰撞与冲突。在信息化时代，这种冲突不仅限于现实生活中的交往，更延伸至网络空间的每一个角落。大学生在浏览社交媒体、参与在线讨论时，经常会遇到与自己观点相左的人或事。这些冲突可能涉及政治信仰、道德观念、生活方式等多个方面，对大学生的思想观念和情感认同产生深远影响。如果缺乏正确的引导和有效的沟通机制，这种冲突可能进一步激化，导致社会撕裂和道德失范。

3. 即时满足与长期价值的失衡

在信息过载的环境下，大学生更容易受到即时满足和短期利益的诱惑。他们可能过分追求眼前的快乐和成就，而忽视了道德原则的长期价值和深远影响。例如，在学术研究中，一些大学生可能为了快速发表论文而抄袭剽窃；在职业选择上，他们可能只关注薪资待遇和工作环境，而忽略了职业道德和社会责任。这种短期行为虽然能带来一时的利益，但长期来看却会损害个人的品德和声誉，甚至对整个社会造成负面影响。

4.道德教育的创新与应对

面对价值观多元化与冲突加剧的挑战，高校和社会各界需要积极创新道德教育的方式和方法。一方面，要加强信息素养教育，提高大学生辨别真伪、区分善恶的能力；另一方面，要加强社会主义核心价值观的引领和培育，帮助大学生树立正确的世界观、人生观和价值观。同时，还要注重实践教育和情感体验在道德教育中的作用，通过组织社会实践活动、开展志愿服务等方式，引导大学生将道德观念内化为自觉行动。只有这样，才能有效应对信息化时代带来的道德挑战，培养出具有高尚品德和强烈社会责任感的新时代大学生。

（三）情感淡漠与人际关系疏离：信息时代下的心灵困境

在信息洪流无孔不入的当下，大学生的生活被各种数字屏幕和即时通信工具紧密包围，这种前所未有的信息接触方式，悄然间重塑了他们的情感世界与社交模式。情感淡漠与人际关系疏离，作为这一现象的副产品，正逐渐成为一个不容忽视的社会议题。

信息过载导致大学生在面对海量信息时，往往采取快速浏览、浅尝辄止的态度，难以对某一话题或情感进行深入思考与共鸣。长此以往，他们可能习惯性地忽视或回避复杂、深刻的情感交流，转而追求简单、直接的感官刺激。这种情感处理的浅表化，使得他们难以建立起深厚、持久的情感联系，对于亲情、友情乃至爱情的体验也变得愈发淡漠。

社交媒体和即时通信软件虽然提供了便捷的交流平台，却也无形中构建了一个个虚拟的"茧房"，让大学生们更愿意在虚拟空间中寻找认同感与归属感。然而，这种基于屏幕的交往通常缺乏面对面的真实感与温度，难以替代现实中深度的人际互动。同时，信息的碎片化传播也让交流变得断断续续，难以形成连贯、有意义的对话，进一步加剧了人际关系的疏离感。

在这样一个情感淡漠、人际关系疏离的环境中，道德教育面临着前所未有的挑战。传统的道德教育依赖于情感共鸣与人际互动，通过榜样示范、情感体验等方式引导学生树立正确的价值观与道德观。然而，在信息过载的背景下，这些传统的教育方式显得力不从心。大学生们可能难以对道德故事产生共鸣，对道德规范的理解也更多停留在表面，甚至可能出于功利目的而选择性遵守道德规范，这无疑是对道德教育成效的极大削弱。

面对这一困境，社会各界需共同努力，寻找破解之道。一方面，教育机构应加强对大学生信息素养的培养，引导他们学会筛选、甄别信息，减少无意义信息的干扰；同时，重视情感教育，通过开设情感沟通、心理健康等课程，增强学生的情感认知与表达能力。另一方面，社会各界应倡导健康的网络文化，鼓励人们走出虚拟世界，参与更多线下活动，增进人与人之间的真实互动与情感交流。此外，加强家庭、学校与社会的联动，共同营造一个温暖、包容、充满正能量的成长环境，也是缓解情感淡漠与人际关系疏离的重要途径。

（四）自我控制力下降，虚拟世界之瘾：现代社会的隐形挑战

在信息爆炸的时代背景下，大学生作为数字原住民，其生活与虚拟世界的界限日益模糊，这一现象不仅深刻改变了他们的日常习惯，更在无形中侵蚀着他们的自我控制力，使他们陷入了一个名为"沉迷"的漩涡之中。

1. 即时满足感的陷阱

网络游戏、社交媒体等虚拟平台以其丰富多样的内容、即时反馈的机制，为大学生构建了一个充满新奇刺激与即时满足感的虚拟世界。在这个世界里，他们可以迅速获得成就感、认同感，甚至逃避现实生活中的压力与挑战。然而，这种即时的满足感如同毒品般让人上瘾，逐渐削弱了他们面对困难与挑战的耐心与毅力，导致在现实生活中遇到问题时更倾向于逃避而非解决。

2. 自我认知的扭曲

长时间的虚拟世界沉浸，还可能引发大学生自我认知的扭曲。在虚拟世界中，他们或许能扮演英雄、领袖等角色，享受他人的崇拜与赞美，但这种虚幻的成就感往往与现实世界的真实自我存在巨大落差。当这种落差逐渐显现时，他们可能会更加依赖虚拟世界来寻求自我价值的确认，进而加剧了对现实世界的疏离

与逃避。

3.道德判断力的弱化

虚拟世界的规则往往与现实世界大相径庭，其中不乏暴力、欺诈、谎言等负面元素。大学生在频繁接触这些元素的过程中，可能会逐渐模糊对善恶、对错的界限，导致道德判断力的弱化。当他们在现实生活中遇到类似情境时，可能会因缺乏明确的道德指引而做出错误的决定，甚至触犯法律红线。

针对大学生自我控制力下降、沉迷虚拟世界的问题，需要采取多维度的应对策略。首先，加强心理健康教育，提高大学生的自我认知能力与情绪管理能力，帮助他们树立正确的价值观与人生观。其次，优化网络环境，加强对网络游戏、社交媒体等平台的监管，减少负面信息的传播。同时，学校、家庭与社会应形成合力，共同营造积极向上的校园文化和社会氛围，引导大学生积极参与现实生活中的各类活动，增强他们的社会责任感与集体荣誉感。最后，鼓励大学生培养多样化的兴趣爱好，拓宽他们的视野与交际圈，让他们的生活更加丰富多彩，从而减少对虚拟世界的过度依赖。

（五）道德教育手段的滞后性：信息化时代的鸿沟与挑战

在信息化迅猛发展的今天，传统的道德教育手段仿佛被时代的洪流抛在了后面，其滞后性日益凸显，成为制约道德教育效果提升的关键因素。这种滞后性不仅体现在教育形式的单一与陈旧上，更深刻地反映了教育理念、内容与时代需求的脱节。

1.教育形式的僵化与单调

传统的道德教育往往依赖于课堂讲授和书本阅读，这些方式在信息化时代显得尤为单调乏味。它们缺乏互动性、参与性和趣味性，难以激发大学生的学习兴趣和积极性。在数字化、网络化、智能化的学习环境中，大学生更渴望通过新颖、多样的方式获取知识，而传统的教育模式显然无法满足这一需求。

2.教育内容的局限与陈旧

传统的道德教育内容往往侧重于道德知识的传授和道德规范的灌输，忽视了对学生道德情感、道德意志和道德行为的全面培养。在信息化时代，社会价值观多元化、信息传播速度快、范围广，学生面临的道德问题也日益复杂多变。因此，道德教育内容必须紧跟时代步伐，及时更新和拓展，以更好地适应学生的实际需求。然而，目前许多高校的道德教育内容仍停留在传统框架内，缺乏时代感和针对性。

3. 教育理念的滞后与封闭

传统的道德教育往往以教育者为中心，采用单向灌输的方式进行教学。这种教育理念忽视了学生的主体地位和个体差异，难以激发学生的学习兴趣和创造力。在信息化时代，教育应该更加注重学生的主体性和自主性，鼓励学生积极参与、主动探索、勇于创新。然而，目前许多高校在道德教育过程中仍沿用传统的教育理念和方法，导致教育效果大打折扣。

4. 技术应用的不足与局限

尽管许多高校已经意识到信息化手段在道德教育中的重要性，但在实际应用中仍存在诸多不足和局限。一方面，部分高校在信息化基础设施建设方面投入不足，导致网络课程、在线讨论等新型教育形式难以得到有效推广和应用；另一方面，部分高校在信息化教学手段的应用上缺乏创新和实践经验，导致教育效果不尽如人意。此外，一些高校在虚拟现实等前沿技术的应用上仍处于起步阶段，无法充分发挥其在道德教育中的潜力。

综上所述，信息化背景下大学生道德教育面临的问题复杂而严峻。为了有效应对这些问题，高校和社会各界需要共同努力，创新道德教育理念和方法，加强信息素养教育，引导大学生正确应对信息过载的挑战，促进其全面发展。

二、网络不良信息对大学生思想的侵蚀

信息化背景下大学生道德教育面临的问题日益凸显。网络不良信息，包括色情、暴力、虚假信息、极端言论等，对大学生的思想观念、道德认知和行为习惯产生了深远影响。

（一）价值观念混乱

在数字化时代，网络空间如同镜子的正反两面，既为大学生提供了丰富的知识资源和交流平台，也潜藏着价值观念混乱的风险。网络不良信息，以其隐蔽性、广泛性和即时性的特点，悄然间侵蚀着年轻人的精神世界，尤其是对价值观尚未稳固的大学生群体而言，其影响更是不容小觑。

首先，网络不良信息所宣扬的扭曲价值观，如拜金主义、享乐主义和极端个人主义，严重偏离了社会主流的价值导向。这些价值观通过网络平台的广泛传播，以娱乐化、猎奇化的形式包装，往往更容易吸引大学生的注意，进而在他们的思想中生根发芽。长此以往，大学生可能会逐渐模糊对善恶、美丑、是非的判断标准，将个人的物质享受和短期利益置于社会公德、法律法规之上，最终陷入道德迷失的困境。

其次，网络不良信息中的暴力、血腥元素，更是对大学生心理健康构成了直接威胁。这些内容的频繁暴露，不仅可能引发大学生的恐惧、焦虑等负面情绪，还可能激发他们的攻击性和暴力倾向。在现实生活中，一旦遇到挫折或冲突，他们可能会倾向于采用暴力手段来解决问题，严重损害了他人的利益和社会的和谐稳定。

最后，色情信息的泛滥，对大学生的性观念和道德底线构成了严峻挑战。色情内容以其刺激性和诱惑性，往往能够迅速吸引大学生的注意力，并在无形中扭曲他们的性认知。长期接触此类信息，大学生可能会产生对性的过度好奇和渴望，甚至形成错误的性道德观念，如性自由、性解放等。这不仅可能导致他们在性行为上的放纵和混乱，还可能引发一系列社会问题，如性侵犯、性传播疾病等。

面对网络不良信息对大学生价值观念造成的混乱局面，社会各界必须采取有效措施加以应对。一方面，要加强网络监管和治理力度，建立健全相关法律法规体系，严厉打击网络传播不良信息的行为；另一方面，要加强大学生的网络素养教育，引导他们树立正确的价值观和道德观，提高他们辨别和抵制不良信息的能力。同时，学校、家庭和社会各界也应形成合力，共同为大学生营造一个健康、清朗的网络环境。

（二）道德认知模糊

在数字化浪潮的席卷下，网络不良信息的泛滥如同迷雾般笼罩在大学生的道德认知之路上，使得原本清晰明确的道德标准变得模糊不清，甚至出现了道德失范的现象。这一现象不仅挑战了传统道德观念的权威性，也深刻影响着大学生的道德判断和行为选择。

网络不良信息以其多样化的形式和隐蔽的传播方式，不断冲击着大学生的道德认知体系。虚假信息的泛滥，如同迷雾中的幻象，让大学生在信息的海洋中迷失方向，难以分辨真伪，进而对诚信、公正等基石性的道德原则产生动摇。当谎言被包装成真相，当欺骗被美化成智慧，大学生在长期的耳濡目染下，可能会逐渐丧失对真实价值的追求，转而接受并传播这些扭曲的道德观念。

此外，网络上的极端言论和偏激情绪更是如同催化剂，加剧了大学生道德认知的混乱。这些言论往往以极端化的视角解读社会现象，用偏激的情绪煽动公众情绪，使得大学生在面对复杂问题时难以保持理性思考和独立判断。他们可能会被这些言论所左右，盲目跟风，甚至在某些情况下做出违背道德和法律的行为。

面对道德认知模糊的挑战，大学生需要积极寻求解决之道。首先，他们应增强自我意识和批判性思维能力，学会在信息洪流中保持清醒的头脑，对接收到的信息进行理性分析和判断。其次，他们应积极参与社会实践和道德教育活动，通过亲身体验和感受来加深对道德原则的理解和认同。同时，学校、家庭和社会也应共同努力，为大学生营造一个健康、积极的网络环境，加强对网络不良信息的监管和治理，为他们的道德成长提供有力保障。

更重要的是，大学生应树立正确的道德观念和价值观，将诚信、公正、善良等美德内化为自己的行动指南。在面对网络不良信息的诱惑和挑战时，他们应坚守道德底线，勇于担当社会责任，用自己的实际行动来践行和弘扬社会主义核心价值观。只有这样，他们才能在复杂多变的网络环境中保持清醒的头脑和坚定的信念，成为有道德、有责任感的新时代青年。

（三）行为习惯偏差

在信息化高度发达的今天，网络不良信息如同无形的诱惑之手，悄然改变着大学生的行为习惯，将他们引向了一个充满风险与挑战的行为深渊。这种行为习惯的偏差，不仅是个体成长道路上的绊脚石，更是社会道德风尚与法治秩序的潜在威胁。

一方面，网络成瘾现象在大学生群体中日益严重，尤其是网络游戏成瘾。这些虚拟世界中的刺激与成就感，让部分大学生难以自拔，逐渐忽视了现实生活中的学业责任、人际交往和身心健康。他们长时间沉浸在游戏中，不仅导致学习成绩下滑，更可能引发社交障碍、情绪焦虑等心理问题。长此以往，这些大学生可能会陷入一种恶性循环，无法自拔。

另一方面，网络色情信息的泛滥，对大学生的性行为习惯和性观念产生了深远的影响。一些大学生在好奇心的驱使下，浏览或下载色情内容，这不仅侵蚀了他们的道德防线，还可能引发性犯罪等严重后果。色情信息的刺激性和诱惑性，让一些大学生在现实中难以控制自己的欲望，从而做出违背道德和法律的行为。

此外，网络暴力、网络欺诈等行为也在大学生群体中时有发生。这些行为不仅违背了基本的道德规范，更可能触犯法律底线。网络暴力往往伴随着言语攻击、恶意诽谤等行为，严重损害了受害者的名誉和权益；而网络欺诈则利用网络的匿名性和便捷性，进行诈骗、传销等非法活动，给社会带来了极大的危害。

面对这些由网络不良信息引发的行为习惯偏差，大学生需要深刻反思并采取积极的措施进行自我救赎。首先，他们应增强自我约束力和自律能力，学会抵制不良信息的诱惑和刺激。其次，他们应积极参与校园文化和社会实践活动，培养健康向上的兴趣爱好和人际交往能力。同时，学校和家庭也应加强对大学生的教育和引导，帮助他们树立正确的网络观念和行为规范。此外，社会各界也应共同努力，加强网络监管和治理力度，为大学生营造一个健康、清朗的网络环境。

总之，网络不良信息对大学生的行为习惯产生了深远的影响，但大学生并非无可救药。只要他们能够保持清醒的头脑和坚定的信念，积极寻求自我救赎的道路，就一定能够摆脱不良信息的束缚，走向更加光明和美好的未来。

（四）心理健康受损

在数字时代的洪流中，网络不良信息如同一片无形的阴影，悄然侵蚀着大学生的心理健康，让他们在成长的道路上背负起沉重的心理负担。这种心理健康的受损，不仅关乎个体的幸福与安宁，更是社会整体精神风貌的隐忧。

网络不良信息以其独特的魅力和隐蔽的传播方式，悄无声息地渗透进大学生的日常生活，成为他们心理健康问题的催化剂。对于沉迷于网络游戏的大学生而言，虚拟世界的诱惑使他们逐渐远离了现实的温暖与责任，学业的荒废、人际关系的紧张如同两座大山，压得他们喘不过气来。这种持续的挫败感和孤独感，很容易引发焦虑、抑郁等心理问题，使他们的心灵世界蒙上了一层厚重的阴霾。

而暴力、色情等不良信息的频繁接触，更是对大学生心理健康的严峻考验。这些信息的刺激性和极端性，往往能够迅速触动大学生的敏感神经，引发他们的性心理障碍或暴力倾向。性心理障碍可能导致他们对自我认知的扭曲和对他人的排斥；而暴力倾向则可能使他们在面对冲突时失去理智，采取极端手段解决问题。这些心理问题不仅危害了大学生的个人发展，更可能对社会和谐稳定造成潜在的威胁。

面对网络不良信息对心理健康的威胁，我们不能坐视不理。社会各界应当共同努力，为大学生营造一个健康、积极的网络环境。首先，加强网络监管和治理力度，打击网络不良信息的传播源头；其次，加强心理健康教育和服务体系建设，为大学生提供及时、有效的心理支持和帮助；同时，鼓励大学生积极参与校园文化和社会实践活动，培养他们的兴趣爱好和社交能力，增强他们的心理韧性和抗压能力。

此外，大学生自身也应树立正确的网络观念和价值观，增强自我约束力和自律能力。他们应学会辨别和抵制网络不良信息的诱惑和刺激，保持积极向上的心态和健康的生活方式。当遇到心理问题时，他们应勇于寻求帮助和支持，与亲朋好友、老师或专业心理咨询师进行沟通和交流，共同寻找解决问题的途径和方法。

总之，网络不良信息对大学生的心理健康构成了严重威胁，但我们有信心和能力去应对这一挑战。只要我们齐心协力、共同努力，就一定能够驱散这片心灵上的阴霾，让阳光重新照耀在大学生的成长之路上。

（五）道德教育难度加大

随着信息技术的飞速发展，网络空间已成为大学生日常生活不可或缺的一部分。然而，这一变化在为大学生带来便利与机遇的同时，也给道德教育带来了前所未有的挑战。网络不良信息的广泛传播，以其隐蔽性、即时性和多样性，使得道德教育的难度显著加大，传统的教育模式和方法面临着严峻考验。

一方面，网络不良信息的泛滥削弱了传统道德教育的权威性。在信息爆炸的时代，大学生获取信息的渠道多元化，他们不再仅仅依赖学校、家庭等传统渠道来获取道德观念和价值判断。网络上的各种信息，包括虚假、极端、低俗的内容，都可能对大学生的道德认知产生负面影响。这使得道德教育者需要付出更多的努力，去甄别和筛选信息，确保传递给大学生的道德观念是正确、积极的。

另一方面，网络环境的虚拟性和匿名性加剧了道德教育的复杂性。在网络空间中，人们可以轻易地隐藏自己的真实身份和意图，进行不负责任的言论和行为。这种虚拟性不仅让大学生在道德判断上感到困惑和迷茫，也让他们更容易受到网络不良信息的诱导和操控。因此，道德教育者需要更加注重培养大学生的道德自律意识和批判性思维能力，帮助他们在网络世界中保持清醒和理智。

面对道德教育难度加大的挑战，高校和社会各界需要积极应对，不断创新道德教育的方法和手段。首先，要加强网络道德教育的内容建设，将网络道德纳入课程体系，开设专门的网络道德课程或讲座，引导大学生了解网络空间的规则和规范，树立正确的网络道德观念。同时，要结合实际案例和热点问题，开展形式多样的网络道德教育活动，提高大学生的参与度和时效性。

其次，要加强网络道德教育的实践环节。通过组织大学生参与网络志愿服务、网络公益活动等方式，让他们在实践中感受网络道德的力量和价值。此外，还可以建立网络道德教育的实践基地或平台，为大学生提供实践锻炼的机会和平台。

最后，要加强网络不良信息的监管和打击力度。政府、企业和学校等各方要形成合力，加强对网络不良信息的监测和过滤技术的研发和应用，建立健全网络不良信息的举报和查处机制。同时，要加强对大学生的网络素养教育，提高他们的信息素养和辨别能力，让他们能够自觉抵制网络不良信息的诱惑和侵蚀。

总之，信息化背景下的道德教育难度加大是一个不可回避的现实问题。但只要我们积极应对、不断创新、加强合作，就一定能够找到有效的解决之道，为大学生营造一个清朗、健康、向上的网络环境。

综上所述，网络不良信息对大学生思想的侵蚀是信息化背景下大学生道德教育面临的重要问题。为了有效应对这一问题，需要社会各界共同努力，加强道德教育、净化网络环境、提高大学生的信息素养和道德自律能力。

三、教育者信息化素养与技能提升的需求

教育信息化为大学生道德教育提供了重要支撑和有利条件，但是从教育者到学习者仍然存在各种各样的问题，需要进一步提升和解决。

（一）教育者信息化素养不足

随着信息技术的飞速发展，教育环境发生了深刻变化，但部分教育者在信息化素养方面仍存在不足。这主要体现在以下几个方面：

1. 信息技术应用能力有限

在当今这个信息技术日新月异的时代，信息技术在教育领域的应用已成为不可逆转的趋势，尤其在道德教育中，其潜力更是不可忽视。然而，一个不容忽视的现实是，部分教育者虽然深刻意识到信息技术对于提升道德教育效果的重要作用，却在实际操作中遭遇了信息技术应用能力有限的困境。

这种能力有限体现在多个方面。首先，教育者可能不熟悉或无法熟练操作各类多媒体教学工具，如智能白板、教学软件等。这些工具本可以极大地丰富教学手段，使道德教育内容更加生动、形象，但由于技术门槛的存在，教育者难以充分发挥其效用，导致课堂教学仍停留在传统的讲授模式上，难以激发学生的学习

兴趣和积极性。

其次，对于网络教学资源平台的利用也存在不足。网络上有大量优质、丰富的道德教育资源和案例，但教育者可能由于技术不熟练或时间精力有限，无法有效地筛选、整合这些资源，并将其融入自己的教学设计。这不仅浪费了宝贵的网络资源，也限制了道德教育内容的广度和深度。

为了克服这一挑战，教育者需要采取积极的措施来提升自身的信息技术应用能力。一方面，他们可以通过参加专业培训、工作坊等方式，系统地学习信息技术相关知识和技能，掌握多媒体教学工具和网络教学资源平台的操作方法。同时，也可以利用业余时间进行自学和实践，通过不断尝试和反思来提升自己的技术应用水平。

另一方面，教育者还应注重将信息技术应用能力与道德教育实际相结合。他们应该深入研究如何利用信息技术手段来优化道德教育过程、提高道德教育效果，探索出符合学生特点和需求的教学模式和方法。例如，可以利用网络平台开展线上讨论、案例分析等活动，引导学生积极参与、主动思考；也可以利用多媒体工具制作生动有趣的课件和视频资料，使道德教育内容更加贴近学生的生活实际和兴趣点。

总之，信息技术应用能力有限是当前教育者在道德教育中面临的一个重要挑战。然而，只要教育者能够积极应对、不断学习和实践，就一定能够克服这一困难，将信息技术更好地融入道德教育，为学生的全面发展贡献自己的力量。

2. 信息筛选与甄别能力欠缺

在当今这个信息爆炸的时代，信息如潮水般涌来，其数量之庞大、更新速度之快前所未有。对于承担教书育人重任的教育者来说，如何在海量的信息中快速筛选出真实、健康、有益的内容，并将其有效传递给学生，成为一项至关重要的能力。然而，遗憾的是，部分教育者在这一领域的能力尚显不足，这不仅限制了他们教学质量的提升，更可能无意中为学生打开了接触不良信息的门户，对其思想观念和心理健康造成不良影响。

信息筛选与甄别能力的欠缺，首先体现在教育者对信息真伪的辨识能力不足上。在快节奏的生活中，人们往往追求信息获取的速度而忽视了对信息真实性的深入核实。部分教育者同样受此影响，未能对所获信息进行严格的验证和筛选，便将其纳入教学内容之中。这种做法无疑增加了学生接触到虚假、误导性信息的风险，对其认知能力和判断能力的发展构成了威胁。

其次，教育者对于信息健康度的评估也存在一定困难。在信息多元化的背景下，各种思想观念、价值取向交织在一起，形成了复杂多样的信息生态。教育者需要具备一定的专业素养和敏锐的洞察力，才能从众多信息中挑选出符合社会主流价值观、有助于学生健康成长的内容。然而，部分教育者在这方面的能力有限，难以对信息的健康度做出准确判断，从而可能将一些低俗、暴力、色情等不良信息带入课堂，对学生的心理健康和道德观念造成不良影响。

为了应对这一挑战，教育者需要不断提升自身的信息筛选与甄别能力。第一，他们应树立科学的信息观念，认识到信息真实性和健康度的重要性，并在教学实践中自觉践行这一原则。第二，教育者应不断学习新的信息技术和知识，提高自己的信息素养和鉴别能力。他们可以通过参加专业培训、阅读相关书籍和文章、关注权威媒体等方式，了解信息筛选和甄别的基本方法和技巧，并在实践中不断运用和完善。

此外，教育者还应注重培养学生的信息筛选与甄别能力。他们可以通过设计专门的教学活动、引导学生参与信息筛选实践等方式，帮助学生掌握识别真伪信息、评估信息健康度的方法，培养他们的信息素养和批判性思维能力。这样，即使教育者偶尔疏忽或能力有限，学生也能在一定程度上自主筛选出有益的信息，抵御不良信息的侵害。

（二）信息化教学技能待提升

信息化教学技能是教育者在信息化背景下有效开展道德教育的重要保障。然而，目前许多教育者在信息化教学技能方面还有待提升。

1. 教学方法创新不足

在道德教育的广阔舞台上，传统教学方法如同一座坚固的城堡，为无数教育者提供了稳定的教学框架。然而，随着信息化浪潮的席卷，这座城堡逐渐显露出其局限性——过于注重讲授，忽视了学生的主体性和互动性，导致课堂氛围沉闷，学生学习兴趣难以激发。在这样一个时代背景下，教学方法的创新显得尤为迫切和必要。

然而，遗憾的是，部分教育者在这一方面并未能跟上时代的步伐。他们或许受限于传统观念的束缚，认为讲授是最直接、最有效的方法；或许是因为缺乏必要的创新意识和实践能力，无法将新的教学理念转化为具体的教学行动。这种教学方法上的保守和滞后，不仅限制了学生潜能的挖掘和个性的发展，也阻碍了道德教育效果的提升。

为了打破这一僵局，教育者需要勇于走出传统框架的束缚，积极探索和实践新的教学方法。首先，他们应该树立以学生为中心的教学理念，认识到学生是学习的主体，而教师则是引导者、支持者和促进者。在这一理念的指导下，教育者应该注重培养学生的自主学习能力和批判性思维能力，鼓励他们在学习过程中主动探索、积极思考。

其次，教育者应该积极引入多元化的教学方法。除了传统的讲授法外，还可以尝试案例分析、角色扮演、在线讨论等多种方式。这些方法不仅能够激发学生的学习兴趣和主动性，还能够提高他们的实践能力和团队合作精神。例如，在案例分析中，学生可以通过分析真实或虚构的道德情境来加深对道德规范和价值观的理解；在角色扮演中，他们可以通过模拟不同角色来体验不同的道德冲突和抉择过程；在在线讨论中，他们则可以跨越时空的限制与同龄人进行交流和分享。

最后，教育者还应该注重教学反思和持续改进。在教学过程中，他们应该时刻关注学生的学习状态和反馈情况，及时调整教学策略和方法。同时，他们也应该积极参与教学研究和交流活动，学习借鉴其他教育者的成功经验和做法，不断提高自己的教学水平和创新能力。

总之，教学方法创新不足是当前道德教育中面临的一个重要问题。为了培养具有创新精神和实践能力的新时代人才，教育者需要勇于走出传统框架的束缚，积极探索和实践新的教学方法。只有这样，我们才能让道德教育焕发出新的生机和活力。

2. 教学资源整合能力不强

在信息化教学日益普及的今天，教学资源的丰富性与多样性为道德教育提供了前所未有的广阔舞台。然而，这一优势的充分发挥却依赖于教育者强大的教学资源整合能力。遗憾的是，部分教育者在这一方面尚显不足，未能充分发掘和利用信息化教学资源的潜力，从而制约了道德教育效果的提升。

教学资源整合能力的不足，首先体现在教育者对各类教学资源的认知不够全面和深入上。在信息化时代，教学资源不再局限于传统的纸质教材，而是涵盖了网络课程、教学视频、电子图书、在线数据库等多种形式。然而，部分教育者可能对这些新兴资源了解不多，或者对其在教学中的价值和作用认识不清，导致在资源整合时存在盲区和遗漏。

其次，教育者在资源整合过程中缺乏有效的策略和方法。资源整合并非简单地堆砌和拼凑，而是需要根据教学目标、学生特点和教学资源本身的特性进行科学合理的搭配和组合。然而，部分教育者可能缺乏这方面的专业知识和技能，难以制定出有效的资源整合方案，使得教学资源的使用效果大打折扣。

为了突破这一瓶颈，教育者需要采取积极的措施来提升自己的教学资源整合能力。首先，他们应该加强对信息化教学资源的学习和研究，了解各种资源的特性和优势，掌握其在教学中的应用方法和技巧。通过参加专业培训、阅读相关文献和案例等方式，不断提升自己的专业素养和资源整合能力。

教育者应该注重实践和经验积累。在教学过程中，他们应该积极尝试将各种教学资源进行整合和应用，通过不断的实践来摸索出适合自己的资源整合策略和方法。同时，他们也应该关注学生的学习反馈和效果评估结果，及时调整和优化资源整合方案以更好地满足学生的学习需求和提高教学效果。

最后，教育者还应该加强与其他教育者的交流和合作。教学资源整合是一个复杂而系统的工程需要多方面的支持和协作。通过与其他教育者进行交流和合作可以共享教学资源、交流经验和方法、共同解决教学难题从而推动教学资源整合能力的不断提升和进步。

综上所述，教学资源整合能力不强是当前信息化教学中面临的一个重要问题。为了充分发挥信息化教学资源的优势和提高道德教育的效果，教育者需要不断提升自己的教学资源整合能力以更好地适应信息化时代的教学需求和发展趋势。

（三）教育者对信息化背景下道德教育新特点的认识不足

在信息化背景下，道德教育呈现出许多新特点，如信息的多元化、传播的快速化、受众的个性化等。然而，部分教育者对这些新特点认识不足，难以适应信息化时代道德教育的新要求：

1.忽视学生的主体性

随着信息技术的飞速发展，我们正处于一个信息爆炸的时代，学生获取知识的途径不再局限于课堂和书本，而是可以通过互联网、社交媒体、在线课程等多种渠道随时随地获取信息。这种变化不仅极大地丰富了学生的知识视野，也促使他们的思想更加独立、多元。然而，面对这一变化，部分教育者却未能及时调整教学策略，仍然沿用传统的灌输式教学模式，忽视了学生的主体性和个性差异，这无疑成为道德教育效果提升的一大障碍。

忽视学生的主体性，首先体现在教育者对学生学习需求的忽视上。在传统的教学模式中，教育者往往扮演着知识传授者的角色，而学生则被视为被动接受知识的容器。然而，在信息化背景下，学生的学习需求已经发生了深刻的变化，他们渴望在学习的过程中发挥更多的主动性和创造性，希望能够在教师的引导下自主探索、发现知识。如果教育者仍然坚持灌输式教学，忽视学生的这一需求，那么学生的学习积极性和兴趣将会受到严重打击，道德教育效果自然难以保证。

其次，忽视学生的主体性还体现在对学生个性差异的忽视上。每个学生都是独一无二的个体，他们有着不同的兴趣爱好、学习方式和成长背景。然而，在传统的教学模式中，教育者往往采用"一刀切"的教学方式，忽视了学生之间的个性差异。这种教学方式不仅无法满足学生的个性化学习需求，还可能导致部分学生因为无法适应而产生厌学情绪。在道德教育领域，如果教育者不能充分关注学生的个性差异，那么就无法真正触及学生的心灵深处，引导他们形成正确的价值观和道德观。

为了克服这一问题，教育者需要深刻反思并重构自己的教育理念。首先，他们应该树立以学生为中心的教学观念，认识到学生是学习的主体和中心，而教师则是引导者、支持者和促进者。在这一观念的指导下，教育者应该注重激发学生的学习兴趣和主动性，鼓励他们积极参与学习过程并发挥自己的创造力和想象力。

再次，教育者应该关注学生的个性差异并尊重他们的选择。在教学过程中，他们应该采用多样化的教学方式和手段来满足不同学生的学习需求。例如，可以通过小组讨论、角色扮演、案例分析等方式来激发学生的学习兴趣和参与度；也可以通过提供个性化的学习资源和指导来帮助学生更好地发挥自己的优势和特长。

最后，教育者还应该加强与学生的沟通和交流。通过与学生建立良好的师生关系和信任关系，教育者可以更好地了解学生的内心世界和学习需求，从而为他们提供更加精准和有效的指导和帮助。同时，教育者也应该鼓励学生表达自己的观点和想法，培养他们的批判性思维和创新能力。

总之，忽视学生的主体性是当前道德教育中存在的一个严重问题。为了提升道德教育效果并促进学生的全面发展，教育者需要深刻反思并重构自己的教育理念，注重学生的主体性和个性差异并加强与学生的沟通和交流。

2. 缺乏网络道德教育意识

在数字化浪潮的推动下，网络空间不仅成为大学生获取知识、交流思想、展示自我的重要平台，更深刻地融入了他们的日常生活与学习之中。然而，这一变革也带来了新的教育挑战，尤其是网络道德教育方面的缺失，成为不容忽视的问题。部分教育者由于对网络环境的复杂性和网络道德教育的重要性认识不足，往往忽视了对学生在网络空间行为的引导和规范，这无疑为学生暴露在不良信息面前埋下了隐患。

网络道德教育意识的缺乏，首先体现在教育者对网络环境复杂性的低估上。网络空间虽然便捷了信息的传播与交流，但同时也充斥着各种虚假、暴力、色情等不良信息。大学生作为网络使用的主体，其心智尚未完全成熟，辨别能力有限，极易受到这些不良信息的诱导和影响。如果教育者未能充分认识到这一点，并采取有效措施进行干预和引导，那么学生的健康成长将受到严重威胁。

其次，网络道德教育意识的缺乏还表现在教育者对学生网络行为规范的忽视上。网络并非法外之地，学生在网络空间中的言行举止同样需要受到道德和法律的约束。然而，部分教育者可能认为网络行为是学生的私人事务，无须过多干涉，或者缺乏有效的手段和方法来规范学生的网络行为。这种放任自流的态度，不仅不利于学生形成正确的网络道德观念和行为习惯，还可能加剧网络空间的混乱和无序。

为了应对这一挑战，教育者需要积极转变观念，提升网络道德教育意识。首先，他们应该深刻认识到网络空间对学生成长的重要影响，以及网络道德教育在其中的不可或缺性。在此基础上，教育者应该主动学习网络知识，了解网络环境的特性和规律，以便更好地引导学生正确使用网络。

再次，教育者应该加强对学生网络行为的引导和规范。他们可以通过开展网络道德教育课程、组织网络文明主题活动等方式，向学生传授网络道德规范和法律法规知识，帮助他们树立正确的网络道德观念和行为准则。同时，教育者还应该密切关注学生的网络行为动态，及时发现并纠正不良行为倾向，防止其受到不良信息的侵蚀。

最后，教育者还应该加强与家长的沟通和合作。家庭是学生的第一课堂，家长在学生的网络道德教育中扮演着重要角色。教育者应该积极与家长保持联系，共同关注学生在网络空间中的表现和发展情况，形成家校共育的良好氛围。通过双方的共同努力和协作，我们可以为学生营造一个健康、安全、文明的网络环境，促进他们的全面发展和健康成长。

第三节　影响因素分析

一、技术因素：信息技术发展的双刃剑效应

随着信息技术的迅猛发展，互联网上的信息量呈爆炸式增长。大学生在享受信息便捷的同时，也面临着信息过载的问题。海量的信息中夹杂着大量未经筛选和验证的内容，包括虚假信息、不良信息乃至有害信息。这些信息不仅增加了大学生筛选有用信息的难度，还可能对其价值观和道德观产生误导。

大学生虽然具备了一定的信息素养，但在面对海量信息时，其筛选和鉴别能力仍显不足。他们可能无法准确判断信息的真伪和价值，从而被不良信息所蒙蔽。这种信息筛选能力的不足，直接影响了大学生道德教育的效果，使得他们难以形成正确的道德认知和判断。

网络空间具有匿名性和隐匿性的特点，这为大学生提供了相对自由的表达空间。然而，这种自由也带来了监管上的困难。在网络空间中，一些大学生可能因为缺乏现实生活中的约束而放纵自己的行为，发表不当言论或参与不良活动。这些行为不仅违背了道德规范，还可能对他人和社会造成负面影响。

网络暴力是信息技术发展带来的另一个负面效应。在匿名性和隐匿性的掩护下，一些人可能在网络上肆意攻击、侮辱他人，甚至进行人肉搜索等违法行为。这种网络暴力不仅损害了受害者的权益和尊严，还破坏了网络环境的和谐与稳定。大学生作为网络使用的主体之一，也容易受到网络暴力的影响或参与其中，从而对其道德教育产生负面影响。

信息技术的普及使得大学生对电子设备和互联网的依赖程度不断加深。他们可能长时间沉迷于网络世界，忽视了现实生活中的交往和学习。这种技术依赖不仅影响了大学生的身心健康和学业成绩，还可能导致他们与现实社会脱节，产生社交障碍等问题。

社交障碍是技术依赖带来的一个严重后果。长期沉迷于网络世界的大学生可

能缺乏与现实世界中的人进行有效沟通和交流的能力。他们可能变得孤僻、冷漠甚至反社会。这种社交障碍不仅影响了大学生的个人发展和社会适应能力，还对其道德教育产生了不利影响。因为道德教育需要在现实生活中通过人与人的交往和互动来实现其效果。

在信息技术快速发展的过程中，技术伦理的问题逐渐凸显出来。然而，一些教育者和大学生可能忽视了技术伦理的重要性，没有充分认识到技术使用中的道德规范和责任。他们可能认为技术只是工具而已，忽略了其背后的伦理问题和社会影响。

由于技术伦理教育的不足或缺失，大学生在面对技术使用中的道德问题时往往感到困惑和无助。他们可能不知道如何正确处理技术使用中的隐私保护、信息安全、知识产权等问题。这种技术伦理的缺失不仅影响了大学生的道德判断和行为选择能力，还可能导致他们在技术使用中违背道德规范甚至触犯法律。

综上所述，信息技术发展的负面效应对大学生道德教育产生了多方面的影响。为了应对这些挑战和问题，我们需要加强大学生的信息素养教育、网络道德教育和技术伦理教育等工作。同时还需要完善网络监管机制、加强社会舆论引导等措施来营造良好的网络环境和社会氛围。

二、环境因素：网络环境的复杂性与多变性

互联网技术的快速发展使得网络信息呈现出爆炸式增长的趋势。大学生在享受信息便捷的同时，也面临着信息筛选和鉴别的挑战。海量信息中夹杂着大量未经核实和验证的内容，包括虚假信息、不良信息乃至有害信息，这些信息可能误导大学生的价值观和道德观。

网络空间中的信息来源广泛，内容多样，包括政治、经济、文化、娱乐等各个方面。大学生在浏览这些信息时，容易受到不同观点和立场的影响，产生价值冲突和道德困惑。这种多样性虽然有助于拓宽大学生的视野，但也增加了他们形成稳定、正确价值观的难度。

网络环境的匿名性使得大学生在表达观点、交流思想时缺乏现实生活中的约束和责任感。他们可能在网络空间中发表不当言论、攻击他人或参与不良活动，而无须担心身份暴露和承担后果。这种匿名性助长了网络暴力的滋生和传播，对大学生的道德教育产生了负面影响。

网络环境的隐蔽性使得不良信息和行为难以被及时发现和制止。一些大学生可能在网络空间中传播虚假信息、色情内容或进行其他违法活动，而这些行为往往隐藏在虚拟的网络空间中，难以被监管部门和教育机构所察觉。这种隐蔽性增加了网络道德教育的难度和复杂性。

网络舆论具有多样性和复杂性的特点。不同群体、不同立场的人在网络空间中发表各自的观点和看法，形成了多元化的舆论场。这种舆论场中的观点和看法往往相互冲突、相互影响，使得大学生在面对网络舆论时难以做出正确的判断和选择。

网络舆论的传播速度和影响力远远超过了传统媒体。一条消息或言论可能在短时间内迅速传播并引发广泛关注，形成强大的舆论压力。这种不可控性使得网络舆论利弊并存，既可能推动社会进步和正义事业，也可能引发网络暴力、谣言传播等负面问题。大学生在面对这些问题时往往缺乏足够的应对能力和经验，容易受到不良舆论的影响和误导。

网络文化是多种文化形态和价值观念在网络空间中的交汇和碰撞。它既有积极向上的内容，如创新、自由、平等等价值观念；也有消极负面的内容，如暴力、色情、极端主义等不良信息。这种多元性使得网络文化成为一个复杂而多变的生态系统。

不同文化形态和价值观念在网络空间中相互碰撞和冲突，形成了多元化的网络文化氛围。这种氛围中的冲突和矛盾往往容易引发大学生的价值困惑和道德迷茫。他们可能在不同文化形态和价值观念之间摇摆不定，难以形成稳定、正确的道德认知和价值观念。

综上所述，网络环境的复杂性与多变性对教育信息化背景下大学生道德教育产生了深远的影响。为了应对这些挑战和问题，我们需要加强网络道德教育、提高大学生的信息素养和鉴别能力、加强网络监管和舆论引导等措施来营造良好的网络环境和社会氛围。同时还需要注重培养大学生的道德自律意识和社会责任感等素质来推动其全面发展。

三、主体因素：大学生的认知特点与心理需求

（一）大学生的认知特点

1.信息处理能力有限

在信息爆炸的时代背景下，大学生作为知识探索的前沿群体，虽然享受着前所未有的学习资源，却也面临着信息处理能力的巨大挑战。尽管他们身处知识学习的高峰期，具备了一定的信息获取和整合能力，但面对教育信息化所带来的海量且复杂多变的信息洪流，其信息处理能力的局限性逐渐显现。

首先，信息的海量性使得大学生在筛选和鉴别信息真伪时显得力不从心。网络上充斥着各种信息，既有权威可靠的学术资源，也有未经核实的谣言和虚假信息。大学生在缺乏足够经验和专业知识的情况下，往往难以准确判断信息的真伪和价值，从而容易被不良信息所误导，影响他们的道德认知和价值判断。

其次，信息的复杂性和碎片化也增加了大学生信息处理的难度。在信息化时代，信息以多种形式存在，包括文字、图片、视频、音频等，且内容繁杂多样，涉及政治、经济、文化、科技等各个领域。这种信息的复杂性和碎片化不仅要求大学生具备广泛的知识面和跨学科的综合素养，还需要他们具备高效的信息整合和分析能力。然而，由于时间和精力的限制，大学生往往难以全面深入地理解和分析这些信息，导致他们在面对复杂问题时容易产生困惑和误解。

为了应对这一挑战，我们需要加强对大学生信息处理能力的培养和提升。这包括加强信息素养教育，引导大学生掌握科学的信息获取、筛选、鉴别和整合方法；加强批判性思维训练，培养大学生的独立思考和判断能力；以及鼓励大学生积极参与社会实践活动，通过实践锻炼提升他们的信息处理能力和综合素养。同时，

我们还需要构建一个健康、有序的信息环境，减少不良信息的干扰和影响，为大学生提供一个良好的学习和成长空间。

2. 道德认知发展未成熟

在人生的长河中，大学时期无疑是道德认知发展的重要转折点。大学生们如同初升的太阳，虽已光芒初现，但尚未完全照亮自己的道德天空。他们的道德观念和价值体系正经历着从青涩到成熟的蜕变过程，这一过程中充满了不确定性和可塑性。

一方面，大学生们怀揣着对美好道德的追求，渴望在纷繁复杂的世界中树立起自己坚定的道德信念。他们开始独立思考，对传统的道德观念进行审视和质疑，试图在批判与反思中构建属于自己的道德体系。这种积极的探索精神是值得肯定的，因为它预示着大学生们正在逐步走向成熟和独立。

然而，另一方面，大学生们的道德认知发展也面临着诸多挑战。他们的道德观念和价值体系尚未完全定型，就像一棵小树苗在风雨中摇曳，既有可能茁壮成长，也有可能被吹得东倒西歪。在教育信息化背景下，网络环境中的多元文化和价值观念如同一股强大的洪流，冲击着大学生们尚未完全稳固的道德堤坝。

网络世界中的信息纷繁复杂，既有积极向上、充满正能量的内容，也有消极颓废甚至违背道德伦理的信息。这些信息的交织与碰撞，使得大学生们在道德认知上容易产生困惑和迷茫。他们可能会因为缺乏足够的辨别力和判断力，而轻易受到不良信息的诱惑和影响，从而对自己的道德观念和价值体系产生动摇和怀疑。

更为严重的是，一些大学生可能会因为追求个性、彰显自我而盲目跟风、标新立异，甚至不惜违背道德原则和社会规范。他们可能会沉迷于网络世界中的虚拟角色和身份认同，而忽视了现实生活中的人际关系和社会责任。这种道德认知上的偏差和扭曲，不仅会影响大学生们的个人成长和发展，还会对整个社会的道德风尚和价值观念造成不良影响。

因此，我们必须高度重视大学生道德认知发展未成熟的问题，并采取相应的措施加以引导和纠正。这包括加强道德教育、培养大学生的道德判断力和选择能力、引导他们树立正确的道德观念和价值体系等。同时，我们还需要营造一个健康、积极的网络环境，减少不良信息的干扰和影响，为大学生们的道德认知发展提供有力保障。

3.认知方式多样化

随着教育信息化的深入推进，大学生们的学习方式和认知途径发生了翻天覆地的变化。从传统的课堂教学到如今的在线学习、移动学习、虚拟现实等多种学习方式的融合，大学生们可以更加便捷地获取知识和信息，拓宽了他们的认知视野。然而，这种认知方式的多样化在带来便利的同时，也潜藏着一定的风险，尤其是在道德认知领域。

一方面，多样化的认知方式让大学生们能够接触到更多元、更丰富的信息和观点。他们可以通过互联网、社交媒体、学术论文、专家讲座等多种渠道，了解不同文化、不同领域的道德观念和价值取向。这种广泛的接触无疑有助于他们拓宽视野、增进理解，但也可能成为一把双刃剑。因为不同来源的信息和观点往往带有各自的立场和偏见，有时甚至会相互冲突、矛盾重重。面对这种信息的混沌状态，大学生们很容易感到困惑和迷茫，难以形成稳定、一致的道德认知。

另一方面，多样化的认知方式还可能导致大学生在道德判断上的自主性和批判性不足。在信息爆炸的时代背景下，大学生们往往处于被动接收信息的状态之中，缺乏足够的时间和精力去深入思考和分析这些信息的真实性和价值性。他们可能会盲目追求新奇、刺激的信息，而忽略了对信息的甄别和筛选。这种缺乏自主性和批判性的认知方式，使得大学生们在面对复杂多变的道德问题时，往往难以做出明智而坚定的选择。

为了应对这种挑战，我们需要引导大学生们建立正确的认知方式和价值观念。首先，我们应该教育他们学会筛选和鉴别信息的能力，帮助他们从海量的信息中筛选出有价值、有意义的内容。其次，我们应该鼓励他们积极参与讨论和交流活动，通过与他人的思想碰撞和观点交锋来深化自己的道德认知。最后，我们还应该注重培养他们的自主性和批判性思维能力，让他们学会独立思考、自主判断并勇于承担责任。只有这样，我们才能帮助大学生们在多样化的认知方式中保持清醒的头脑和坚定的道德信念。

（二）大学生的心理需求

1. 自我实现与认同需求

在大学生这一成长阶段，自我实现与认同需求尤为显著且复杂。随着身心逐渐成熟，他们开始更加深入地探索自我，渴望在学业、社交、兴趣爱好等多个领域展现自己的独特价值和能力，以此获得自我认同和成就感。这种需求是推动大学生不断进取、追求卓越的重要动力。

然而，在教育信息化背景下，自我实现与认同的路径变得多元且充满挑战。一方面，互联网为大学生提供了广阔的平台和丰富的资源，使他们能够跨越地域和时间的限制，接触到更多元化的知识和文化，从而拓宽视野，激发潜能。另一方面，网络上的竞争也异常激烈，信息过载和虚假宣传等问题使得大学生在追求自我实现的过程中容易迷失方向，产生焦虑和压力。

为了满足自我实现与认同的需求，大学生需要学会在复杂多变的信息环境中保持清醒的头脑和独立的思考。他们应该明确自己的目标和价值观，制订合理的学习和发展计划，并努力付诸实践。同时，他们还需要培养批判性思维和创新能力，学会辨别真伪、筛选有用信息，以提升自己的综合素质和竞争力。

此外，社会和学校也应该为大学生提供更多的支持和引导。通过组织多样化的实践活动、建立公平的评价体系、营造良好的校园文化氛围等方式，帮助大学生树立正确的自我认知和价值观念，激发他们的内在动力和创造力，促进他们的全面发展和健康成长。在这个过程中，道德教育扮演着至关重要的角色。它不仅能够引导大学生树立正确的道德观念和行为准则，还能够培养他们的道德情感和道德意志，使他们在追求自我实现与认同的过程中始终保持正确的方向和价值观。

2. 情感交流与归属需求

大学生活作为个人成长的关键时期，学生们在追求知识的同时，也深刻渴望着情感上的交流与归属感的获得。面对学业的繁重、就业的不确定性以及复杂多变的人际关系，大学生们常常感到孤独与压力。这种情感上的空虚与不安促使他们转向网络空间，寻求一个能够倾诉心声、分享喜怒哀乐的平台，以期在那里找到归属感和理解。

然而，网络环境的匿名性和隐蔽性为这种情感交流带来了两难选择。一方面，它打破了现实生活中的种种界限，使得大学生能够跨越地域、年龄、身份等限制，与来自五湖四海的人建立联系，分享彼此的故事和感受。这种无界限的交流为他们提供了一个相对自由、安全的情感释放空间，有助于缓解现实生活中的压力与孤独。

另一方面，网络环境的匿名性和隐蔽性也使得不良信息和情绪得以肆意传播。在缺乏有效监管和约束的情况下，一些负面情绪、极端观点甚至恶意攻击都可能在网络空间中迅速蔓延，对大学生产生不良影响。长期沉浸在这样的环境中，大学生可能会逐渐变得消极、偏激，甚至丧失对现实世界的信任与热情，进而在道德行为上产生偏差。

因此，在满足大学生情感交流与归属需求的同时，我们必须高度重视网络环境对其心理健康和道德行为的潜在影响。学校、家庭和社会应共同努力，为大学生营造一个健康、积极的网络环境。这包括加强网络监管，打击不良信息的传播；开展心理健康教育，提高大学生的情绪管理和自我调节能力；以及鼓励大学生积极参与线下社交活动，建立真实、稳固的人际关系网络。通过这些措施，我们可以帮助大学生在满足情感交流与归属需求的同时，保持健康的心理状态和良好的道德行为。

3. 探索与好奇心理

大学生作为年轻而充满活力的群体，其内心深处燃烧着对未知世界无尽的好奇之火与探索的渴望。他们如同初升的太阳，对一切新鲜事物都抱有浓厚的兴趣，渴望揭开世界的每一个神秘面纱，挖掘知识的宝藏。这种探索与好奇心理是推动社会进步和个人成长的重要动力源泉。

然而，在教育信息化高度发展的今天，网络空间成为大学生探索未知世界的主要舞台。这个舞台上既有丰富多彩的学术资源、创新思维的碰撞火花，也不乏不良信息和各种诱惑的暗流涌动。对于正处于成长关键期、心智尚未完全成熟的大学生而言，网络空间中的不良信息和诱惑无疑是对他们好奇心和冒险心理的巨大挑战。

一方面，强烈的好奇心和探索欲驱使大学生不断在网络空间中遨游，寻找新的知识和体验。他们可能会接触到一些敏感、复杂甚至具有争议性的话题，这些话题往往能够激发他们的思考，拓宽他们的视野。然而，另一方面，网络空间中的不良信息和诱惑也可能利用他们的好奇心和冒险心理，诱导他们尝试一些不道德或违法的行为。这些行为可能包括浏览色情网站、传播谣言、参与网络欺诈等，不仅会对大学生的身心健康造成损害，还会影响他们的学业和未来发展。

因此，在教育信息化背景下，我们需要引导大学生正确认识和对待自己的探索与好奇心理。一方面，我们应该鼓励他们保持对未知世界的好奇心和探索欲，勇于追求真理和进步；另一方面，我们也应该加强对他们的教育和引导，帮助他们树立正确的价值观和道德观，增强对不良信息和诱惑的辨别力和抵抗力。只有这样，我们才能在保护大学生健康成长的同时，充分发挥他们作为社会未来栋梁的潜力和价值。

（三）综合因素

1.认知与情感的冲突

在大学生复杂的心理结构中，认知与情感之间的冲突往往构成了道德决策过程中的一大挑战。他们正处于人生观、价值观逐步确立的关键阶段，一方面，通过系统的教育和自我学习，他们逐渐形成了较为完善的道德认知体系，能够理性地分析和判断哪些行为是符合道德规范的，哪些则是违背道德原则的。

然而，另一方面，大学生的情感需求同样强烈且多变。他们渴望被理解、被接纳，希望在社交和情感领域获得满足。这种情感需求往往源自内心深处对安全、归属和爱的渴望，它们在很大程度上驱动着大学生的行为选择。当道德认知与情感需求发生冲突时，大学生便可能陷入一种两难境地：理智告诉他们应该做出道德上正确的选择，但强烈的情感需求却可能驱使他们做出与之相反的行为。

这种冲突不仅让大学生在道德判断和行为选择上感到困惑和矛盾，还可能对他们的心理健康造成负面影响。长期的内心挣扎和道德冲突可能导致他们产生自我怀疑、焦虑、内疚等负面情绪，进而影响他们的学习、生活和人际关系。

为了缓解这一冲突，我们需要从多个方面入手。首先，加强对大学生的道德教育，帮助他们建立更加稳固、深刻的道德认知体系，增强他们的道德判断力和自制力。其次，关注大学生的情感需求，提供适当的情感支持和引导，帮助他们学会平衡理智与情感，在追求情感满足的同时不违背道德原则。最后，营造一个积极、健康的校园文化氛围，通过榜样示范、社会实践等方式，激发大学生的道德情感和道德行为，让他们在实践中感受道德的力量和价值。

2. 心理承受力与道德自律

在快速变化的教育信息化环境中，大学生不仅面临着知识更新的压力，还需应对网络空间中纷繁复杂的信息与情感冲击。这一背景下，他们的心理承受力与道德自律能力显得尤为重要，然而，这两方面却常常成为他们面临道德挑战时的薄弱环节。

首先，心理承受力的相对脆弱使得大学生在面对网络环境中的负面信息时，如网络欺凌、虚假新闻、恶意评论等，容易感到沮丧、愤怒或无助，进而产生消极情绪和行为反应。他们可能因无法有效处理这些负面情绪而陷入恶性循环，甚至采取报复、逃避或沉迷等不良行为，以寻求短暂的安慰或逃避现实。

其次，道德自律意识的尚未完全形成，进一步加剧了大学生在网络行为中的道德风险。在网络这个相对匿名和隐蔽的空间里，大学生可能更容易放松对自己的道德要求，忽视社会规范和法律法规的约束。他们可能出于好奇、冲动或跟风心理，参与传播谣言、侵犯隐私、网络诈骗等不道德甚至违法的行为，而事后又往往缺乏足够的自我反省和改正意识。

心理承受力与道德自律的双重不足，使得大学生在教育信息化背景下更容易陷入道德困境。为了应对这一挑战，我们需要从多个方面入手。一方面，加强心理健康教育，提高大学生的心理承受力和情绪管理能力，帮助他们建立积极的心态和应对机制，以更好地应对网络环境中的各种挑战。另一方面，加强道德教育和自律意识培养，引导大学生树立正确的道德观念和行为准则，增强他们的道德责任感和自律能力，使他们在网络空间中也能保持清醒的头脑和正确的行为方向。同时，学校、家庭和社会也应共同努力，为大学生营造一个健康、积极、向上的网络环境，减少负面信息的干扰和影响，促进他们的全面发展和健康成长。

综上所述，教育信息化背景下大学生道德教育存在问题的原因与大学生的认知特点和心理需求密切相关。为了提升大学生道德教育的效果，需要充分考虑这些主体因素，采取针对性的教育措施和方法。例如，加强信息素养教育、提高大学生的信息鉴别能力；加强心理健康教育、引导大学生正确面对情感需求和压力；加强道德自律教育、培养大学生的道德责任感和自律意识等。

第三章　信息化背景下大学生道德教育策略与创新

在信息化背景下，大学生道德教育面临着前所未有的挑战与机遇。信息技术的迅猛发展不仅改变了信息的传播方式，也深刻影响了大学生的思想观念、行为模式和价值取向。借鉴卢中华（2023）对创新创业的研究成果[①]，从教学内容、教学方式、教学环境、教育者队伍建设等几个方面出发，探讨信息化背景下大学生道德教育的策略与创新具有重要意义。

第一节　教育内容创新

一、教学内容创新的必要性

（一）适应信息化时代需求

在信息化迅猛发展的时代背景下，互联网与信息技术的日新月异彻底改变了信息传播与获取的格局。这一时代特征显著地体现为信息量的爆炸性增长、传播速度的即时性以及信息来源的多元化与全球化。大学生作为社会中最具活力与探索精神的群体之一，他们身处这一信息洪流之中，每日接触到的信息内容既丰富多彩又纷繁复杂。这些信息中，不乏激发正能量、倡导积极向上价值观的宝贵资源，它们如同灯塔一般，照亮青年学子的心灵之路，引导他们树立正确的世界观、人生观和价值观。

---

① 卢中华.乡村产业振兴的基本逻辑研究 [M].山东济南：山东人民出版社，2023（06）:10-11.

然而，与之并存的还有大量消极负面甚至是虚假误导的信息。这些信息可能源于网络谣言、恶意炒作或是价值观扭曲的言论，它们如同一股暗流，试图侵蚀大学生的思想防线，影响其道德判断与行为选择。面对这样的信息环境，传统的道德教育体系面临着前所未有的挑战。那些曾经以课堂讲授、书本阅读为主要形式，内容相对固定、更新速度较慢的道德教育模式，显然已难以充分满足当代大学生在信息化时代下对于道德知识与价值引导的迫切需求。

因此，针对这一变化，我们必须对道德教育进行深刻的创新与改革。首先，要拓展道德教育的内容边界，将网络伦理、信息安全、媒介素养等新兴议题纳入教育体系之中，使道德教育更加贴近学生的生活实际与成长需求。其次，要创新道德教育的方法与手段，充分利用互联网、多媒体等现代信息技术，开发形式多样、互动性强的教育资源与平台，激发学生的学习兴趣与参与度。同时，还要加强学校、家庭、社会三方面的协同合作，形成道德教育的合力，共同为大学生营造一个健康、积极、向上的信息生态环境。

（二）提高教育时效性

传统道德教育模式，在历史的长河中发挥了不可忽视的重要作用，它倾向于通过系统的理论讲授与知识灌输，向学生传递道德观念与行为规范。然而，这种方式往往侧重于理论层面的构建，而忽视了道德教育的本质——即培养学生在现实生活中践行道德的能力与自觉性。它可能缺乏足够的实践性和互动性，导致学生在学习过程中难以将抽象的道德理论转化为具体的行为指南，也难以在情感上产生共鸣，从而削弱了道德教育的吸引力和感染力。

进入信息化时代，这一现状亟须改变。信息技术的飞速发展不仅改变了信息传播的方式与速度，也为道德教育的创新提供了广阔的空间和可能性。通过创新教学内容，我们可以将传统道德理论与现实生活案例、社会热点问题、网络道德议题等相结合，使道德教育内容更加贴近学生的生活实际，增强其时代感和针对性。同时，利用多媒体、虚拟现实、在线互动平台等现代信息技术手段，可以创造更加丰富多样、生动直观的教学情境，让学生在参与、体验、讨论中深入理解道德规范的内涵与价值，激发其学习兴趣和积极性。

更重要的是，创新教学内容还能够促进道德教育的实践性和互动性。通过组织社会实践、志愿服务、道德辩论、案例分析等活动，让学生在实际行动中体验道德的力量，感受道德的温暖，培养其道德情感和道德责任感。同时，鼓励学生之间、师生之间进行积极的交流与互动，分享彼此的道德体验与感悟，形成相互学习、相互启发的良好氛围。这种实践性和互动性的教学方式不仅能够加深学生对道德知识的理解与掌握，还能够促进其道德品质的全面发展与提升。

因此，在信息化背景下，通过创新教学内容来增强道德教育的吸引力和感染力，提高教育时效性，是当前道德教育改革的重要方向之一。我们应当充分利用信息技术的优势，不断探索和实践新的教学方法与手段，努力构建符合时代要求、贴近学生实际的道德教育体系，为培养德、智、体、美、劳全面发展的社会主义建设者和接班人贡献力量。

（三）促进学生全面发展

道德教育，作为教育体系中的核心组成部分，其深远意义远超越了单纯的知识传授范畴。它是一场心灵与品德的深刻洗礼，是引导学生构建正确价值观、塑造高尚人格的关键过程，同时也是激发学生潜能、培养其适应社会与面对未来挑战能力的重要途径。在这一过程中，知识的传授仅仅是起点，真正的目的在于通过教育引导学生将道德理念内化于心、外化于行，实现品德的塑造与能力的提升。

首先，品德的塑造是道德教育的核心使命。它要求我们在教学过程中，不仅要向学生传授道德知识，更要注重引导学生形成正确的道德观念，培养他们的道德情感与道德意志。通过榜样的力量、情感的共鸣、实践的锻炼等多种方式，让学生在日常生活中学会尊重、理解、关爱他人，学会承担责任、诚实守信、勇于担当，从而逐渐塑造出健全的人格和优秀的品德。

其次，能力的培养也是道德教育不可忽视的重要方面。在信息化时代背景下，学生不仅需要具备扎实的道德知识，更需要拥有批判性思维、创新思维、团队协作能力、信息素养等综合能力。这些能力将帮助学生更好地适应复杂多变的社会环境，有效应对各种挑战与机遇。因此，道德教育应该注重培养学生的自主学习能力、问题解决能力、信息筛选与判断能力等，使他们在掌握道德知识的同时，也能不断提升自我、完善自我。

创新教学内容正是实现这一目标的关键举措之一。通过引入现实生活中的道德案例、网络道德议题、社会热点问题等，使道德教育内容更加贴近学生的生活实际与成长需求；通过运用现代信息技术手段，创造更加丰富多样、生动直观的教学情境，激发学生的学习兴趣与参与度；通过组织多样化的教学活动与实践项目，让学生在参与中体验、在体验中成长，全面提升其道德素质、信息素养和综合能力。

二、教学内容创新的策略

（一）融合信息技术

将信息技术深度融合于道德教育之中，不仅是对传统教学模式的一次革新，更是对道德教育生命力与影响力的深度挖掘。这种融合不仅拓宽了道德教育的边界，还极大地丰富了其教学形式和手段，使得道德教育更加贴近学生的生活实际，更加符合时代发展的需求。

将信息技术融入道德教育，首先意味着我们要充分利用网络平台这一广阔舞台。通过构建道德教育专属网站、微信公众号、社交媒体群组等线上平台，我们可以打破时空限制，实现教育资源的共享与互动。这些平台不仅可以发布道德教育的最新理论成果、实践案例、优秀事迹等内容，还可以成为学生交流心得、分享感悟、寻求帮助的便捷渠道。同时，利用大数据分析技术，我们还可以对学生的学习行为进行跟踪与分析，为个性化教学提供数据支持。

此外，多媒体教学资源也是信息技术融入道德教育的重要载体。通过视频、音频、动画、图片等多种媒体形式的综合运用，我们可以将抽象的道德理论转化为直观、生动的视听体验，从而激发学生的学习兴趣与参与度。例如，可以制作道德教育微电影、纪录片、动漫等作品，通过故事情节的展开和人物形象的塑造，让学生在享受视觉盛宴的同时，深刻领悟道德的真谛与价值。

我们还可以利用虚拟现实（VR）技术进行情境模拟，为学生营造出身临其境的道德体验场景。通过 VR 技术，学生可以穿越时空的限制，参与到历史事件、社会热点、道德困境等多样化的情境中，与虚拟人物进行互动，体验不同道德选择带来的后果与影响。这种沉浸式的体验方式不仅可以增强学生的道德认知与情感认同，还可以培养他们的批判性思维与决策能力。

（二）引入现实案例

结合社会热点和时事新闻，选取具有代表性和启发性的现实案例作为教学内容。通过案例分析、讨论交流等方式，引导学生关注社会、思考道德问题，培养其独立思考和批判性思维能力。

（三）强化网络道德教育

网络道德教育应当全面覆盖网络法律法规的学习。网络并非法外之地，每一条信息、每一次点击都可能触及法律的边界。因此，我们需要将网络法律法规纳入道德教育体系之中，通过生动的案例解析、法律条文解读等方式，让学生明确了解网络空间中的权利义务关系，认识到违法行为的严重后果，从而树立起对法律的敬畏之心，自觉遵守网络行为规范。

同时，网络文明公约也是网络道德教育的重要内容之一。网络文明公约是网民共同约定并遵守的行为准则，它倡导文明上网、理性表达、尊重差异、包容多元等网络道德观念。通过宣传普及网络文明公约，我们可以引导学生树立正确的网络道德观念，培养他们良好的网络行为习惯，如尊重他人隐私、不传播虚假信息、不参与网络暴力等，共同营造一个和谐、文明、健康的网络环境。

此外，网络安全知识也是网络道德教育不可或缺的一部分。在信息化时代，网络安全问题日益突出，各种网络诈骗、黑客攻击、病毒传播等事件时有发生。为了提高学生的自我保护能力，我们需要加强网络安全知识的普及教育，让学生了解常见的网络安全威胁和防范措施，学会识别网络诈骗、保护个人信息、避免病毒感染等基本技能。通过培养学生的网络安全意识，我们可以有效降低网络安全事件的发生率，保障学生的网络安全和隐私权益。

（四）注重实践环节

将道德教育与实践活动相结合，通过志愿服务、社会实践、实习实训等方式，让学生在实践中体验道德价值、锻炼道德品质。同时，鼓励学生参与网络公益活动、网络文明创建等活动，培养其社会责任感和公民意识。

（五）推动跨学科融合

道德教育不是孤立的学科领域，需要与其他学科相互融合、相互促进。在信息化背景下，可以推动道德教育与信息技术、心理学、社会学等学科的融合，形成多学科协同育人的格局。例如，通过心理学知识帮助学生解决网络成瘾问题；通过社会学视角分析网络道德现象等。

三、教学内容创新的实施路径

（一）融入时代元素，丰富教育内容

1.紧跟时代脉搏，捕捉前沿议题

科技伦理的融入。随着科技的迅猛发展，人工智能、大数据、生物技术等领域的伦理问题日益凸显。道德教育应将这些前沿科技议题纳入教学内容，探讨科技发展与人类道德、法律、社会的关系，培养学生的科技伦理意识和责任感。

网络道德的新挑战。信息化时代，网络空间已成为大学生生活的重要组成部分。教学内容应涵盖网络道德规范、网络信息安全、网络谣言识别与抵制等内容，引导学生树立正确的网络道德观念，提高其网络素养和自我保护能力。

全球化视野下的道德对话。在全球化的背景下，不同国家和地区的文化、价值观相互碰撞。道德教育应融入跨文化交流的内容，引导学生理解和尊重不同文化背景下的道德观念，培养其全球视野和跨文化沟通能力。

2.丰富教育内容，拓展道德领域

生态伦理与环境教育。面对日益严峻的环境问题，道德教育应加强对生态伦理和环境教育的重视。通过介绍环境伦理原则、环保法律法规、可持续发展理念等内容，增强学生的环保意识和社会责任感，培养其绿色生活方式和可持续发展

观念。

职业道德与职业素养。根据大学生未来的职业发展方向，道德教育应融入职业道德和职业素养的教育内容。通过介绍行业规范、职业操守、团队合作等内容，帮助学生树立正确的职业观念，提高其职业素养和就业竞争力。

社会热点与道德反思。结合社会热点事件和道德争议问题，引导学生进行深入的道德反思和讨论。通过案例分析、角色扮演等方式，让学生在思考和讨论中提升道德判断力和道德实践能力。

3.融合多元文化资源，促进文化认同

传统文化的传承与创新。中华传统文化蕴含着丰富的道德智慧和伦理思想。道德教育应深入挖掘传统文化的精髓，将其与现代社会相结合，传承和创新传统文化中的道德价值观念。

世界文化的交流与融合。在全球化进程中，不同文化之间的交流与合作日益频繁。道德教育应融入世界文化的多样性元素，介绍不同国家和地区的道德观念、文化习俗和伦理传统，增进学生对世界文化的理解和尊重。

文化自信的培育。在融入多元文化的同时，道德教育还应注重培养学生的文化自信。通过讲述中国故事、传播中国声音等方式，增强学生的民族自豪感和文化认同感，为构建人类命运共同体贡献力量。

(二) 加强网络素养与信息安全教育

1.构建系统全面的网络素养教育框架

基础理论知识。引入网络基础知识，包括网络原理、网络文化、网络伦理等，为学生奠定坚实的理论基础。这部分内容应涵盖网络的基本概念、发展历程、影响以及网络环境下的行为规范和道德准则。

批判性思维培养。在教学内容中加强批判性思维训练，教授学生如何对网络信息进行甄别、筛选和评估。通过案例分析、逻辑推理等方法，培养学生独立思考和判断的能力，避免盲目跟风或传播不实信息。

数字公民意识。强调作为数字公民的责任和义务，包括尊重他人隐私、维护

网络秩序、积极参与网络社区建设等。通过讲解相关法律法规和案例，增强学生的法律意识和社会责任感。

2. 深化信息安全教育内容

信息安全基础知识。系统介绍信息安全的基本概念、原理和技术，包括密码学、网络安全协议、数据保护等。让学生了解信息安全的重要性和复杂性，掌握基本的信息安全技能。

网络安全威胁与防范。深入分析当前网络环境中存在的各种安全威胁，如病毒、木马、钓鱼网站、网络诈骗等。通过实例讲解和模拟演练，让学生掌握防范这些威胁的方法和技巧。

隐私保护与个人信息管理。教育学生如何保护个人隐私和敏感信息，包括设置强密码、谨慎分享个人信息、防范身份盗用等。同时，引导学生合理管理自己的网络足迹，保护个人数据安全。

3. 融入前沿技术与新兴议题

新兴技术伦理。随着人工智能、大数据、区块链等新兴技术的发展，其伦理问题日益凸显。教学内容应适时引入这些前沿技术的伦理讨论，探讨技术发展与人类道德、法律、社会的关系。

网络舆论与信息传播。关注网络舆论的形成与传播机制，引导学生正确理解和应对网络舆论。同时，讲解信息传播的规律和特点，培养学生的信息素养和媒介素养。

跨国网络安全与合作。在全球化背景下，网络安全已成为跨国合作的重要议题。教学内容可以涵盖跨国网络安全威胁、国际合作机制等内容，培养学生的国际视野和合作意识。

4. 实践导向的教学内容设计

案例分析。选取具有代表性和时效性的网络素养与信息安全案例进行深入剖析，让学生在实际情境中学习和思考。

模拟演练。设计模拟演练环节，让学生在模拟的网络环境中进行实战操作，提高应对网络威胁的能力。

项目式学习。组织学生参与网络素养与信息安全相关的项目式学习，通过团队合作和实践探索，深化对理论知识的理解和应用。

（三）强调社会主义核心价值观的引领

1. 核心价值观与网络素养的融合

网络伦理与核心价值观。在讲述网络素养时，明确将社会主义核心价值观作为网络行为的基本准则。通过案例分析、道德辩论等形式，让学生理解在网络空间中，诚信、友善、公正、法治等核心价值观同样适用，并探讨如何在网络行为中践行这些价值观。

网络文化与核心价值观传承。介绍网络文化的发展及其对社会的影响，引导学生认识到网络不仅是信息传播的平台，也是文化传承的重要载体。通过挖掘网络文化中的正面元素，如网络公益、正能量传播等，展示社会主义核心价值观在网络空间的生动实践。

2. 核心价值观与信息安全教育的结合

信息安全意识与爱国情怀。在信息安全教育中，强调信息安全不仅关乎个人隐私和数据保护，更与国家安全和稳定息息相关。通过介绍网络攻击对国家安全的威胁，激发学生的爱国情怀和责任意识，使其认识到维护信息安全是每一个公民的责任。

法治精神与信息安全法规。结合社会主义核心价值观中的法治精神，深入讲解与信息安全相关的法律法规，如《网络安全法》《个人信息保护法》等。通过法律条文解读和案例分析，让学生理解法治在维护网络空间秩序中的重要作用，培养其法治观念和守法意识。

3. 核心价值观引领下的道德教育拓展

社会热点与核心价值观探讨。选取当前社会热点事件，如网络谣言、网络暴力、道德失范等，引导学生从社会主义核心价值观的角度进行深入探讨。通过集体讨论、小组汇报等形式，让学生表达自己的观点和看法，促进其对社会现象的理性认识和批判性思维能力的提升。

优秀网络文化作品赏析。推荐并引导学生赏析具有社会主义核心价值观的优秀网络文化作品，如网络文学、微电影、公益广告等。通过作品分析、创作实践等方式，让学生感受网络文化的魅力，理解并认同社会主义核心价值观在网络空间中的表现形式和传播方式。

4. 核心价值观在实践教学中的应用

志愿服务与社会实践。鼓励学生参与网络志愿服务和社会实践活动，如网络公益项目、网络文明志愿者等。通过实践活动，让学生亲身体验社会主义核心价值观在网络空间中的实践价值，增强其社会责任感和公民意识。

网络素养与职业发展规划。将网络素养教育与学生的职业发展规划相结合，引导学生认识到在信息化背景下，良好的网络素养和正确的价值观对其未来职业发展的重要性。通过职业规划指导、行业案例分析等方式，帮助学生树立正确的职业观念和价值观导向。

综上所述，从"教学内容创新"的角度出发，信息化背景下大学生道德教育需要不断探索和创新。通过融合信息技术、引入现实案例、强化网络道德教育、注重实践环节以及推动跨学科融合等策略的实施路径，可以有效提升道德教育的针对性和时效性，促进大学生全面发展和健康成长。

第二节　教育方式创新

一、构建线上线下融合的教育体系

（一）线上线下教学资源的整合与优化

1. 丰富线上教学资源

利用互联网平台和数字化技术，整合优质的道德教育网络资源，如在线课程、教学视频、电子图书、案例库等。这些资源可以覆盖道德理论、社会热点、历史文化等多个方面，为学生提供丰富多样的学习材料。

2. 优化线下教学内容

在保留传统课堂教学优势的基础上，对线下教学内容进行精选和优化。教师可以根据线上学习的反馈和效果，调整线下教学的重点和难点，使线下教学更具针对性和时效性。

（二）线上线下教学流程的衔接与互动

1. 预习与导入

通过线上平台发布预习任务，引导学生提前了解课程内容和相关背景知识。线下课堂则侧重于深入讲解和讨论，解决学生在线上学习中遇到的问题和困惑。

2. 互动与反馈

利用线上线下融合的优势，增强教学互动。在线上平台，学生可以随时提问、参与讨论；在线下课堂，教师可以通过小组讨论、角色扮演等方式，促进学生的深度思考和交流。同时，教师可以利用线上平台收集学生的反馈意见，及时调整教学策略。

（三）线上线下教学模式的创新与融合

1. 混合式教学模式

将线上自主学习与线下课堂教学有机结合，形成混合式教学模式。学生可以根据自身的学习进度和需求，灵活安排学习时间和地点；同时，线下课堂为学生提供面对面的交流和指导机会。

2. 翻转课堂

将传统的课堂讲授与课后复习的模式颠倒过来，即学生在课前通过线上平台完成知识的学习和理解；在课堂上，教师则主要进行答疑解惑、组织讨论和实践活动。这种模式可以提高学生的自主学习能力和课堂参与度。

（四）线上线下教学评价的多元化与个性化

1. 多元化评价体系

结合线上线下的学习数据和行为表现，构建多元化的评价体系。除了传统的考试和作业评价外，还可以引入在线测试、项目作业、同伴评价等多种评价方式，全面评估学生的学习效果。

2. 个性化学习支持

利用大数据分析技术，对学生的学习数据进行分析和挖掘，发现学生的学习特点和需求。教师可以根据分析结果，为学生提供个性化的学习建议和资源推荐，帮助学生实现个性化发展。

二、利用大数据、人工智能等技术优化教育过程

（一）个性化学习路径的定制

大数据和人工智能技术能够分析学生的学习行为、兴趣偏好和道德认知水平等数据，为每位学生量身定制个性化的学习路径。通过智能推荐系统，学生可以获得与其道德发展阶段和兴趣相匹配的学习资源和活动，从而提高学习的针对性和有效性。这种个性化的学习方式有助于激发学生的学习兴趣，增强学习动机，促进道德认知的深入发展。

（二）智能辅助教学系统的应用

在道德教育过程中，可以引入智能辅助教学系统，如智能助教、虚拟导师等。这些系统能够根据学生的学习进度和反馈，提供及时的学习指导和反馈，帮助学生解决学习中的困惑和问题。同时，智能辅助教学系统还可以利用自然语言处理技术与学生进行交互，模拟真实的教学场景，提高学生的学习体验和参与度。

（三）学习效果的实时监测与评估

大数据和人工智能技术能够实时监测学生的学习效果，包括学习进度、掌握程度、学习态度等方面。通过数据分析，教师可以及时了解学生的学习情况，发现潜在的学习问题，并采取相应的措施进行干预和指导。此外，还可以利用智能评估系统对学生的学习成果进行客观、全面的评估，为教学改进提供科学依据。

（四）教学资源的智能整合与推送

在信息化背景下，道德教育的教学资源日益丰富多样。利用大数据和人工智

能技术，可以实现对教学资源的智能整合和推送。系统可以根据学生的学习需求和兴趣偏好，自动筛选和推送相关的教学资源，如在线课程、教学视频、案例分析等。这种智能化的资源推送方式有助于提高教学资源的利用率，降低学生的学习成本，提升教学效果。

（五）促进教育公平与包容

大数据和人工智能技术的应用还有助于促进教育公平与包容。通过智能分析学生的学习数据，可以发现不同地区、不同背景学生之间的差异，并采取相应的措施进行补偿教育。例如，可以为学习困难的学生提供更多的学习资源和辅导支持，帮助他们克服学习障碍，实现全面发展。同时，还可以利用人工智能技术打破地域限制，为偏远地区的学生提供高质量的教育资源和服务。

综上所述，利用大数据、人工智能等技术优化教育过程是推动信息化背景下大学生道德教育教学方式创新的重要途径。通过个性化学习路径的定制、智能辅助教学系统的应用、学习效果的实时监测与评估、教学资源的智能整合与推送以及促进教育公平与包容等措施的实施，可以有效提升道德教育的针对性和实效性，促进大学生的全面发展。

三、实施个性化教育，满足不同学生需求

（一）数据分析驱动的学生画像构建

在信息化背景下，高校可以利用大数据技术对学生在学习过程中的行为数据、成绩数据、互动数据等进行全面收集与分析，构建出每个学生的个性化画像。这些画像能够反映学生的道德认知水平、学习态度、兴趣偏好、学习习惯等多维度信息，为实施个性化教育提供数据支持。

（二）定制化的教学内容与策略

基于学生画像，教师可以针对不同学生的需求和特点，定制化设计教学内容和策略。例如，对于道德认知水平较高的学生，可以提供更深入、更复杂的道德议题进行探讨；而对于道德认知水平相对较低的学生，则可以从基础概念入手，

逐步引导其提升道德认知。此外，还可以根据学生的兴趣偏好和学习习惯，推荐相关的学习资源和活动，以提高学习的积极性和效果。

（三）智能化的学习路径规划

利用人工智能技术，系统可以根据学生的当前状态和学习目标，智能规划出最适合自己的学习路径。这条路径可以包括学习内容的先后顺序、学习时间的分配、学习任务的难度等，确保学生能够在最适合自己的节奏下进行学习。同时，系统还可以根据学生的学习进展和反馈，动态调整学习路径，以适应学生的变化。

（四）多样化的互动与反馈机制

在信息化背景下，教师可以利用多种在线平台和技术手段与学生进行互动和反馈。例如，通过在线论坛、即时通信工具等，教师可以随时解答学生的疑问，了解学生的学习情况；同时，学生也可以在这些平台上发表自己的观点和见解，与教师和其他同学进行交流和讨论。此外，系统还可以根据学生的表现自动给予反馈和建议，帮助学生及时发现问题并改进。

（五）关注个体差异，促进全面发展

个性化教育强调关注每个学生的个性差异和独特需求，以促进其全面发展。在道德教育过程中，教师应尊重每个学生的观点和选择，鼓励其表达自己的思想和情感；同时，还应关注学生的心理健康和成长需求，为其提供必要的支持和帮助。通过实施个性化教育，可以激发学生的学习兴趣和动力，提升其道德品质和综合素养。

综上所述，信息化背景下大学生道德教育教学方式的创新在"实施个性化教育，满足不同学生需求"方面取得了显著进展。通过数据分析、定制化教学、智能化学习路径规划、多样化互动与反馈机制以及关注个体差异等措施的实施，可以有效提升道德教育的针对性和实效性，促进大学生的全面发展。

第三节　教育环境优化

一、营造健康向上的网络环境

（一）加强网络监管与治理

1.完善法律法规

政府应当持续致力于完善网络法律法规体系，以全面、系统、前瞻性的视角，明确界定网络空间中的各类行为规范，确保每一位网络参与者都能在清晰、透明的法律框架下活动。这要求不仅要细化网络言论自由与信息安全、个人隐私保护之间的界限，还要对网络诈骗、网络暴力、侵犯知识产权等不法行为设定严格的法律责任，实施有效的监管与惩罚机制。同时，加强与国际社会的合作，共同应对跨国网络犯罪挑战，为营造一个健康向上、安全有序、充满活力的网络环境提供坚实的法律保障，让互联网成为推动社会进步、促进文化交流、增强人民福祉的重要力量。

2.强化执法力度

为了维护网络空间的清朗与秩序，政府应显著加大对网络违法行为的打击力度，坚决不手软。针对发布和传播虚假信息、散布色情暴力内容、实施网络诈骗等恶劣行径，必须采取零容忍态度，依法严惩不贷。通过建立健全快速响应机制，提高违法行为的发现、查处效率，确保每一起案件都能得到及时、公正的处理，以此形成强有力的震慑效应，有效遏制网络乱象的蔓延，保障广大网民的合法权益。

3.建立联动机制

为了构建更加健康、安全的网络环境，政府、高校、企业以及社会各界应携手合作,建立起紧密的网络监管联动机制。这一机制旨在促进信息共享、协同作战，确保各方能够迅速响应网络空间中出现的问题与挑战。通过加强沟通与合作，共同制定并执行有效的治理策略，形成强大的治理合力，以全面净化网络生态，保护公众利益，推动网络空间持续健康发展。

（二）构建积极向上的网络文化

1. 弘扬正能量

在信息化时代，我们应充分利用网络平台这一广阔舞台，积极传播社会主义核心价值观，让爱国主义、集体主义、社会主义精神在网络空间中熠熠生辉。通过精心策划的在线活动、生动鲜活的网络内容，以及广泛深入的互动交流，引导广大网民树立正确的世界观、人生观、价值观，共同营造一种积极向上、健康向善的网络文化氛围。这不仅有助于提升国民素质，还能为构建网络强国提供坚实的思想保证和强大的精神力量。

2. 打造精品内容

为了丰富大学生的精神文化生活，我们应当积极鼓励和支持优秀网络文化产品的创作与传播。这包括但不限于网络文学、微电影、公益广告等多元化形式，它们以其独特的艺术魅力和深刻的思想内涵，成为连接大学生情感与认知的桥梁。通过提供优质的在线资源和平台，我们可以激发大学生的创造力与想象力，让他们在欣赏与创作的过程中，汲取正能量，提升文化素养，进而形成积极向上、健康和谐的校园文化氛围。

3. 引导网络舆论

面对复杂多变的网络舆论环境，我们必须加强对网络舆论的引导和管理，确保其健康发展。通过设立官方信息发布渠道，及时澄清网络谣言，让真相跑在谣言前面，有效遏制不实信息的传播。同时，加强对网络内容的审核与监管，对含有暴力、色情、违法等不良信息的内容进行严厉打击，防止其侵蚀网络空间。只有如此，我们才能共同维护一个清朗、健康的网络环境，让网络成为传递正能量、促进社会和谐的重要平台。

（三）提升大学生的网络素养

1. 加强网络教育

为构建清朗网络空间，我们亟须加强对网络舆论的积极引导与科学管理，迅速而有效地澄清网络谣言，坚决遏制不良信息的蔓延，确保网络环境的纯净与健康。同时，将网络素养教育深度融入大学生道德教育体系，通过精心设计的课程、启迪思考的讲座以及丰富多彩的实践活动，全方位提升大学生的网络素养与道德自觉，使他们成为网络文明的建设者与守护者，共同营造积极向上、和谐有序的网络生态。

2. 培养自律能力

在信息化时代，引导大学生树立正确的网络使用观念显得尤为重要。我们应积极倡导他们认识到网络不仅是获取信息的便捷工具，更是展现个人品德与社会责任感的重要平台。通过教育引导，促使大学生自觉遵守网络道德规范，不传播谣言、不侵犯他人隐私、不参与网络暴力，展现出良好的网络公民素养。同时，鼓励他们提高自我约束和自我管理的能力，合理安排上网时间，避免沉迷网络，确保网络生活健康、有序、充实。

3. 增强辨别能力

在信息爆炸的时代，教育大学生学会辨别网络信息的真伪与价值显得尤为迫切。我们需培养他们成为理性的信息消费者，能够运用批判性思维审视各类网络信息，不盲目跟风，不轻易被虚假信息所迷惑。同时，通过增强对网络负面信息的认知与理解，提升他们的心理抵抗力与免疫力，使他们在面对网络谣言、暴力、色情等不良内容时，能够保持清醒头脑，自觉抵制，从而构建一个更加健康、积极、向上的网络学习环境。

（四）优化校园网络环境

1. 建设绿色校园网

高校作为人才培养的摇篮，应高度重视对校园网络的管理与维护工作。通过建立健全校园网络管理体系，采用先进技术手段，加强对网络内容的监控与过滤，坚决屏蔽和清除不良信息，为大学生营造一个绿色、健康、安全的网络空间。这不仅是保护学生身心健康的需要，也是构建和谐校园、培养德智体美劳全面发展的社会主义建设者和接班人的重要举措。高校应持续努力，为大学生提供一个积极向上的网络环境，助力他们健康成长。

2. 丰富网络教育资源

为了顺应信息化教育的发展趋势，高校应积极整合并优化网络教育资源，构建一个集多元化、互动性、个性化于一体的在线学习平台。这一平台将汇聚国内外优质教育资源，涵盖各专业领域的精品课程、教学视频、电子图书、案例研究等丰富多样的学习材料，满足大学生多样化的学习需求。同时，平台还将设计一系列线上实践活动，如模拟实验、在线竞赛、项目合作等，鼓励大学生积极参与，锻炼实践能力，实现个性化学习与成长。

3. 搭建互动平台

在信息化教育背景下，建立师生互动、生生互动的网络平台已成为提升教学质量、促进学习交流的重要途径。这一平台不仅为师生提供了便捷的在线交流工具，如即时通信、论坛讨论、在线答疑等，还鼓励学生们自发组织学习小组，进行合作学习与经验分享。通过这一平台，师生可以跨越时空限制，随时随地进行深入的思想碰撞与知识交流，共同营造一个和谐、积极、开放的学习氛围，激发学生的学习兴趣与创造力。

（五）加强家校合作

1. 建立家校联系机制

高校应主动与学生家庭建立常态化的紧密联系机制，通过定期沟通、信息共享等方式，共同关注并引导大学生的网络使用行为及道德表现。这种合作不仅有助于及时发现并解决潜在问题，还能形成家校共育的良好局面，共同促进大学生的健康成长。

2. 共同开展网络教育

家长与高校应携手合作，共同策划与实施网络教育活动。通过联合举办讲座、工作坊、在线课程等形式，引导大学生合理利用网络资源，增强网络安全意识，同时树立正确的价值观和道德观，确保他们在网络世界中健康成长。

3. 形成教育合力

家长与高校应紧密合作，形成强大的教育合力，共同致力于为大学生构建一个健康向上、充满正能量的成长环境。通过家校联动，关注大学生的全面发展，不仅关注学业成绩，更重视品德修养、身心健康及社会实践能力的培养，助力他们成为社会的栋梁之材。

综上所述，营造健康向上的网络环境需要从多个方面入手，包括加强网络监管与治理、构建积极向上的网络文化、提升大学生的网络素养、优化校园网络环境和加强家校合作等。这些措施的实施将有助于优化信息化背景下大学生道德教育的教学环境，促进大学生的健康成长和全面发展。

二、加强网络舆论的引导与管理

（一）构建完善的网络舆论监管体系

1. 设立专门机构

高校应设立专门的网络舆论监管机构或团队，负责监测校园网络及学生活跃的社会媒体平台上的舆论动态，及时发现并处理不良信息。

2. 制定规章制度

建立健全网络舆论管理的规章制度，明确网络行为规范和处罚措施，为网络舆论的引导与管理提供制度保障。

3. 引入技术手段

利用大数据、人工智能等现代信息技术手段，对网络舆论进行实时监测和智能分析，提高监管效率和准确性。

（二）加强网络舆论的正面引导

1. 弘扬主流价值观

在当今数字化时代，我们应充分利用网络平台这一广泛覆盖、高效传播的工具，积极传播社会主义核心价值观，使其成为网络空间中的主流声音。通过精心策划的在线活动、生动鲜活的故事讲述以及深入浅出的理论阐释，我们旨在弘扬爱国主义、集体主义、社会主义精神，引导学生树立正确的价值观。这不仅有助于增强学生的国家认同感和社会责任感，还能激发他们为实现中华民族伟大复兴的中国梦贡献青春力量的热情与决心。

2. 设置议题引导

面对社会热点问题和校园内外的重要事件，我们应主动出击，精心设置议题，引导学生积极参与讨论与思考。通过组织线上线下的研讨会、辩论赛、主题征文等活动，我们鼓励学生从不同角度审视问题，勇于表达个人观点，同时培养他们的独立思考能力和批判性思维。这样的过程不仅能够加深学生对社会现象的理解与认识，还能激发他们的创新思维与解决问题的能力，为未来的社会参与奠定坚实基础。

3. 培养意见领袖

在构建健康网络生态的过程中，发掘和培养具有影响力与责任感的网络意见领袖至关重要。这些领袖应具备正确的价值观、敏锐的社会洞察力以及良好的表达能力，能够在网络空间中发出积极向上的声音。通过他们的言行与观点，可以有效引导网络舆论走向正面，传播正能量，抵制负面信息的侵扰。同时，这些领袖还能成为连接网民与官方、社会各界之间的桥梁，促进信息的透明与共享，共同营造一个和谐、有序、健康的网络环境。

（三）提高大学生的网络素养

1. 加强网络教育

将网络素养教育正式纳入大学生道德教育体系，通过开设专门课程、举办专题讲座、组织实践活动等多种方式，全方位提升大学生的网络素养与道德意识。此举旨在培养大学生在网络世界中的自律与责任感，引导他们文明上网、理性表达，共同维护网络空间的清朗与和谐。

2. 培养辨别能力

教育大学生学会甄别网络信息的真伪与价值，培养他们对网络负面信息的鉴别力与抵抗力，如同构筑起一道坚实的防火墙，确保他们在纷繁复杂的网络世界中能够保持清醒头脑，不被不良信息所蒙蔽与误导，从而健康成长。

3. 增强责任意识

引导大学生深刻理解自己在网络空间中的言行举止对他人及社会的深远影响，促使他们树立起强烈的网络责任意识。鼓励大学生以积极向上的态度参与网络交流，自觉抵制负面信息，共同守护网络环境的健康与有序，为构建清朗网络空间贡献力量。

（四）建立有效的反馈与应对机制

1. 畅通反馈渠道

构建学生、教师、家长等多方共同参与的反馈机制，确保网络舆论相关意见与建议能够迅速、准确地被收集与处理。通过这一渠道，我们能够及时了解各方关切，优化管理策略，共同营造和谐、健康的网络舆论环境。

2. 快速响应机制

面对网络上出现的不良信息或负面舆论，我们必须保持高度警觉，迅速响应并果断处理。通过及时采取有效措施，遏制不良信息的扩散，防止事态进一步扩大和恶化，确保网络空间的清净与和谐。

3. 总结反思

定期对网络舆论的引导与管理工作进行总结和反思，总结经验教训，不断完善工作机制和方法。

综上所述，加强网络舆论的引导与管理是优化信息化背景下大学生道德教育教学环境的重要举措。通过构建完善的监管体系、加强正面引导、提高网络素养、建立反馈与应对机制等多方面的努力，可以有效净化网络环境、弘扬主流价值观、培养大学生的良好道德品质和网络素养。

三、增进家校合作，形成教育合力

（一）增强家校沟通渠道

1. 建立家校联系平台

利用信息化手段，如学校官方网站、微信公众号、移动应用等，建立家校联系平台，方便家长和教师之间的即时沟通。这些平台可以发布学校的教育政策、活动信息，同时家长也能及时反馈学生的情况，实现信息的双向流通。

2. 定期召开线上家长会

除了传统的线下家长会，还可以定期召开线上家长会，让家长了解学生在校表现、道德教育进展等。线上家长会可以突破时间和空间的限制，使更多家长能够参与进来。

3. 建立学生成长档案

利用大数据和信息技术，建立学生成长档案，记录学生的学业成绩、道德表现、心理状况等多方面的信息。家长可以通过平台随时查看，了解孩子的全面发展情况。

（二）共享教育资源与信息

1. 道德教育资源共享

学校和家庭可以共享道德教育资源，如教育视频、讲座、案例等。家长可以根据孩子的兴趣和需求，选择合适的资源进行学习，增强道德教育的针对性和时效性。

2. 学生信息同步更新

学校和家庭应建立学生信息的同步更新机制，确保双方都能及时了解学生的最新动态。这有助于双方在教育过程中达成共识，共同促进学生的成长。

（三）协同开展道德教育活动

1. 共同设计活动方案

学校和家庭可以共同设计道德教育活动方案，结合学生的实际情况和兴趣点，开展丰富多彩的道德教育活动。这些活动可以包括社区服务、志愿服务、道德讲堂等，让学生在实践中体验和感悟道德的力量。

2. 共同参与活动实施

在道德教育活动实施过程中，家长可以积极参与其中，与学生一起完成任务、解决问题。这有助于增进亲子关系，同时让学生感受到家庭和社会的关爱和支持。

3. 共同评估活动效果

活动结束后，学校和家庭应共同评估活动效果，总结经验教训。这有助于双方了解道德教育的实际效果，为后续的教育工作提供参考和借鉴。

（四）加强家长教育与培训

1. 提高家长媒介素养

在信息化背景下，家长需要具备一定的媒介素养，以便更好地了解网络信息和引导孩子正确使用网络。学校可以组织相关培训，提高家长的媒介素养和网络安全意识。

2. 传授道德教育方法

学校可以向家长传授道德教育的有效方法和技巧，帮助家长更好地开展家庭道德教育。这包括如何与孩子沟通、如何引导孩子树立正确的价值观等。

（五）形成教育合力

1. 明确各自职责

学校和家庭在道德教育过程中应明确各自的职责和角色定位。学校应发挥主导作用，提供系统的道德教育和指导；家庭则应承担起孩子的日常教育和监护责任，与学校形成互补关系。

2. 加强合作与协调

学校和家庭应加强合作与协调，共同解决学生在道德教育过程中遇到的问题和困难。双方应建立有效的沟通机制，及时交流信息、分享经验、共同制定教育策略。

3. 营造良好氛围

学校和家庭应共同营造良好的道德教育氛围，让学生在积极向上的环境中成长。这包括营造和谐的家庭氛围、营造健康的校园文化氛围等。

综上所述，通过增进家校合作、形成教育合力，可以有效优化信息化背景下大学生道德教育教学环境。这需要学校、家庭以及社会各界的共同努力和配合，共同为大学生的健康成长和全面发展提供有力保障。

第四节　教育者队伍建设

一、提升教育者的信息化素养与技能

（一）增强信息化意识

1. 认识信息化重要性

教育者需深刻理解信息化对教育领域的深刻影响，认识到信息技术在提升教学质量、创新教育模式、促进学生全面发展中的重要作用。这种认识应成为推动教育者主动学习、应用信息技术的内在动力。

2. 树立信息化教育理念

教育者应树立以学生为中心、以信息技术为支撑的现代化教育理念，将信息技术作为改进教学手段、丰富教学内容、优化教学过程的重要工具。

3. 营造信息化教学氛围

教育者应积极倡导和营造信息化教学氛围，鼓励和支持同事间分享信息化教学经验和资源，共同推动学校信息化教学水平的提升。

（二）加强信息技术培训

1. 基础技能培训

包括计算机基础操作、常用办公软件（如 Word、Excel、PowerPoint 等）的高级应用、网络搜索技巧、数字教育资源获取与整合等。可以采用集中授课、分组练习、在线学习等多种形式，确保每位教师都能掌握必要的信息技术基础。

2. 专业软件应用

针对道德教育领域的特殊需求，组织专门的道德教育软件、多媒体教学平台、虚拟仿真实验室等的使用培训。通过实际案例和操作练习，帮助教师掌握软件的应用技巧和教学设计方法。

3. 新技术学习

鼓励教师关注信息技术领域的最新发展动态，如大数据、云计算、人工智能、虚拟现实等。引导教师探索新技术在道德教育中的应用潜力，如利用大数据分析学生道德认知特点、利用虚拟现实技术模拟道德情境等。

（三）提升信息素养

1. 信息获取与筛选

教育者应学会利用搜索引擎、学术数据库、专业网站等多种渠道获取所需信息。在获取信息的过程中，教师应保持批判性思维，对信息的真实性、准确性和价值性进行甄别和筛选。

2. 信息整合与利用

教师应将获取的信息进行有效整合，创新教学设计，使道德教育内容更加丰富多彩、贴近学生实际。利用图片、视频、音频等多媒体教学资源，增强道德教育的吸引力和感染力。

3. 信息安全与伦理

教育者在处理学生信息和学校敏感信息时，应严格遵守信息安全规定，保护个人隐私和学校利益。在使用信息技术进行教学活动时，教师应遵守信息伦理规范，不传播不良信息、不侵犯他人权益。

（四）开展信息化教学实践

1. 课程整合

教育者应将信息技术与道德教育课程深度融合，使信息技术成为道德教育的有机组成部分。通过翻转课堂、混合式学习等新型教学模式，提高学生的学习兴趣和参与度。

2. 案例教学

教师应精心挑选具有代表性、启发性的道德教育案例，利用信息化手段进行展示和分析。通过在线讨论、小组合作等方式，引导学生对案例进行深入思考和讨论，培养其批判性思维和解决问题的能力。

3. 在线互动

学校应建立专门的在线教学平台或利用现有的社交平台（如微信、QQ等）

建立班级群组。教师可以通过平台发布学习资料、布置作业、答疑解惑等，实现与学生之间的实时交流和互动。

（五）建立激励机制

1.表彰奖励

学校可以设立"信息化教学能手""优秀多媒体教学课件"等奖项，对在信息化教学中表现突出的教师进行表彰和奖励。通过校报、校园网、微信公众号等渠道对获奖教师进行公开表彰，树立榜样和标杆。

2.政策支持

学校和教育行政部门应提供必要的经费支持，用于信息技术设备的购置、软件的更新、教师的培训等。出台相关政策文件，明确信息化教学的重要性和目标要求，为教师的信息化教学提供政策支持和保障。

（六）持续学习与反思

1.终身学习

教育者应树立终身学习的理念，将学习作为一种生活方式和职业需求。通过参加专业培训、阅读专业书籍、参与学术研讨等方式不断更新知识结构、提升专业素养。

2.教学反思

教育者应在信息化教学实践中不断总结经验教训，分析存在的问题和不足。根据反思结果调整教学策略和方法，优化教学设计和流程，提高教学效果和质量。

二、加强师德师风建设，树立良好榜样

（一）深刻理解师德师风的重要性

师德师风是教师职业的灵魂，是教育质量的根本保障。在信息化背景下，教师不仅是知识的传递者，更是学生道德观、价值观形成的重要影响者。因此，加强师德师风建设，不仅关乎教师个人的职业形象和声誉，更直接影响到学生的健康成长和社会的未来发展。良好的师德师风能够激发学生的学习兴趣，培养学生

的道德品质，引导学生树立正确的世界观、人生观和价值观。

(二) 明确师德师风的具体要求

忠诚于教育事业。教师应忠诚于党的教育事业，热爱本职工作，具有高度的责任感和使命感。

关爱学生。教师应关心学生的全面发展，尊重学生的人格尊严，关注学生的个体差异，做到因材施教、循循善诱。

严谨治学。教师应具备扎实的专业知识和教育教学能力，不断更新教育观念，改进教学方法，提高教学质量。

廉洁从教。教师应遵守职业道德规范，不利用职务之便牟取私利，不接受学生及家长的礼品和宴请，保持清廉的师风。

为人师表。教师应以身作则，言行一致，做到诚实守信、正直无私、勤奋敬业、乐观向上，为学生树立良好的榜样。

(三) 多措并举加强师德师风建设

1. 加强师德教育

定期组织师德师风专题培训和学习活动，邀请师德标兵进行经验分享，引导教师树立正确的教育理念和职业道德观念。将师德教育纳入教师职前培训和在职进修的必修课程，确保每位教师都能接受到系统的师德教育。

2. 完善师德评价体系

建立健全师德评价体系，将师德表现作为教师绩效考核、职务晋升、评优评先的重要依据。设立师德监督机构或委员会，负责受理和处理师德失范行为的举报和投诉，确保师德评价的公正性和权威性。

3. 强化师德激励机制

对在师德师风建设中表现突出的教师进行表彰和奖励，树立典型和榜样，激发广大教师的工作热情和积极性。将师德表现与教师的薪酬福利、职业发展等挂钩，形成正向的激励机制。

4.营造良好师德氛围

加强校园文化建设，营造尊师重教、崇德向善的良好氛围。鼓励和支持教师之间的交流与合作，促进教师之间的相互学习和共同进步。加强对学生的思想道德教育，引导学生尊重教师、理解教师、支持教师的工作。

（四）树立良好榜样，发挥引领作用

1.发挥师德标兵的引领作用

发现和培养一批师德高尚、业务精湛、深受学生爱戴的师德标兵，通过他们的先进事迹和优秀品质来影响和带动其他教师。组织师德标兵进行巡回报告和经验分享活动，让他们的先进事迹和经验成为广大教师学习的生动教材。

2.强化教师的自我修养

鼓励教师加强自我学习和自我修养，不断提升自己的道德品质和职业素养。倡导教师树立正确的世界观、人生观和价值观，以高尚的品德和情操来感染和教育学生。

3.构建和谐的师生关系

教师应尊重学生的个性差异和主体地位，建立平等、民主、和谐的师生关系。通过积极的沟通和交流，了解学生的需求和困惑，为他们提供必要的帮助和支持。以身作则、言传身教，用自己的实际行动来影响和引导学生树立正确的道德观念和行为习惯。

综上所述，加强师德师风建设是提升信息化背景下大学生道德教育教师队伍素质的重要途径。通过深刻理解师德师风的重要性、明确师德师风的具体要求、多措并举加强师德师风建设以及树立良好榜样发挥引领作用等措施的实施，可以有效促进教师队伍整体素质的提升和教育质量的提高。

三、建立专业化的教育团队，促进学术交流与合作

（一）建立专业化的教育团队

1.明确团队定位与目标

专业化的教育团队首先需要明确自身的定位与发展目标。在信息化背景下，

道德教育教师队伍应致力于成为学生思想道德成长的引路人，同时成为道德教育领域的专家学者。团队应围绕这一目标，制定长期和短期的发展规划，确保团队成员在各自领域内不断提升专业素养。

2. 优化团队结构与配置

根据道德教育的内容和特点，将团队成员划分为不同的专业小组，如心理健康教育组、社会公德教育组、法律与纪律教育组等。每个小组负责特定领域的教学与研究工作，形成专业互补、协同发展的良好格局。建立科学的人才选拔机制，吸引具有高尚师德、扎实专业知识和丰富教学经验的优秀人才加入团队。同时，注重团队成员的在职培训和继续教育，不断提升其专业素养和教学能力。

3. 强化团队协作与沟通

定期组织团队会议、研讨会等活动，加强团队成员之间的沟通与协作。通过分享教学经验、探讨教学难题等方式，促进团队成员之间的知识共享与思想碰撞。鼓励团队成员共同参与教学项目、科研项目等工作，通过团队合作的方式提升工作效率和成果质量。同时，建立团队激励机制，对在团队合作中表现突出的个人和团队给予表彰和奖励。

（二）促进学术交流与合作

1. 搭建学术交流平台

定期举办道德教育领域的学术会议、研讨会等活动，邀请国内外专家学者进行学术交流与研讨。通过这些活动，为团队成员提供了解最新学术动态、拓宽学术视野的机会。

利用互联网和信息技术手段，建立道德教育领域的学术交流平台。通过平台发布学术成果、分享教学资源、开展在线研讨等方式，促进团队成员之间的学术交流与合作。

2. 加强与校外机构的合作

积极与高校、科研机构、政府部门等校外机构建立合作关系，共同开展道德教育领域的研究与实践工作。通过合作项目的实施，促进团队成员之间的学术交流与合作，同时提升团队的社会影响力和服务水平。

鼓励团队成员积极参与社会服务活动，如开展道德教育讲座、参与志愿服务等。通过这些活动，不仅可以提升团队成员的社会责任感和使命感，还可以为团队成员提供实践锻炼和学术交流的机会。

3.鼓励学术创新与研究

鼓励团队成员积极申报各级各类科研项目，通过项目的实施推动道德教育领域的理论创新与实践探索。同时，为团队成员提供必要的经费支持和资源保障，确保其能够顺利开展研究工作。

鼓励团队成员撰写并发表学术论文，通过学术论文的发表展示团队的研究成果和学术水平。同时，积极与学术期刊、出版社等建立合作关系，为团队成员的学术成果提供发表渠道和推广平台。

综上所述，建立专业化的教育团队并促进学术交流与合作是提升信息化背景下大学生道德教育教师队伍素质的重要途径。通过明确团队定位与目标、优化团队结构与配置、强化团队协作与沟通等措施建立专业化的教育团队；通过搭建学术交流平台、加强与校外机构的合作、鼓励学术创新与研究等措施促进学术交流与合作。这些措施的实施将有助于提升道德教育教师队伍的整体素质和教学水平，为培养具有高尚道德品质和良好信息素养的新时代大学生奠定坚实基础。

第四章　基于沂蒙精神：信息化背景下大学生道德教育的实践

沂蒙精神是中国共产党人精神谱系的重要组成部分，是党和国家宝贵的精神财富。沂蒙精神的政治属性和文化属性、群体特征和时代特征都表明了其具有全面的育人价值和强大的育人功能。沂蒙精神的理论与实践育人资源非常丰富，新时代用好沂蒙精神进行大学生道德教育具有重要意义，具有高度的正当性和必要性。沂蒙精神涵盖了理想信念、道德品质、情感意志、创新精神等多个方面，这与新时代大学生道德教育的目标、内容高度契合，将沂蒙精神融入大学生道德教育既是发挥其育人功能的要求，也是传承沂蒙精神的重要途径。

第一节　沂蒙精神融入新时代大学生道德教育的逻辑机理

沂蒙精神，作为中共中央宣传部确定的首批中国共产党人精神谱系之一，其内涵是什么？核心特征是什么？继承与发扬的价值在哪里？在当前大学生的道德教育工作中又该如何发挥它的育人功能？这些问题值得我们探究。

一、沂蒙精神的基本内涵与核心特征

（一）沂蒙精神的基本内涵

沂蒙精神，是在中国共产党的领导下，沂蒙地区的党政军民历经抗日战争、解放战争的洗礼而淬炼出来的、内化于心的、传承至今的革命精神。它是对抗

日战争、解放战争时期沂蒙地区人民与党同生死、共患难的客观事实的总结，是对客观存在的思想反映，是一种理论概括，是人们对客观存在事实在思维上的感知 ①。

2022 年 3 月，经党中央批准，沂蒙精神基本内涵正式表述为"党群同心、军民情深、水乳交融、生死与共"。沂蒙精神诞生于新民主主义革命时期，其蕴含着一个关键、两个主体和四个要素。一个关键是党的领导。沂蒙精神诞生的过程就是沂蒙人民进行革命的过程，这个过程离不开党的领导。沂蒙地区的革命工作是由中共中央山东分局直接领导，1938 年 12 月至 1945 年 10 月间，中共中央山东分局驻地就在临沂。党中央的正确领导是沂蒙老区取得抗日战争和解放战争革命胜利的关键。两个主体是中国共产党和人民群众。沂蒙精神是党和人民群众的水乳交融，是党领导下的人民军队与人民群众的生死与共，因此沂蒙精神就是中国共产党和人民群众同甘苦共命运的精神，是中国共产党和人民群众的相互作用，二者缺一不可。四个要素是忠诚、奉献、团结、勇敢。沂蒙精神的十六字表述正是这四个要素的诠释。"党群同心"就是忠诚，是党与人民群众的肝胆相照、互相忠诚；"军民情深"就是奉献，是八路军"甘以我血换民生"，是人民大公无私勇支前；"水乳交融"就是团结，是党、政、军与人民群众的唇齿相依、血肉相连；"生死与共"就是勇敢，是人民军队经枪林弹雨，是百姓舍生忘死救伤员。

（二）沂蒙精神的核心特征

2022 年沂蒙精神基本内涵的十六字表述较为全面和精准地把握了沂蒙精神的实质，其中蕴含的核心特征就是沂蒙人民对党的绝对忠诚。把握住这一点是当前诠释好、传承好、发扬好、利用好沂蒙精神的根本。

纵观中国共产党在沂蒙大地生根发芽、由小变大、由弱变强的历史，纵观整个抗战与民族解放史，我们由一个胜利走向另一个胜利的法宝就是紧紧依靠人民群众。群众路线是中国共产党的根本工作路线，"人民至上"是中国共产党践

---

① 冯增田，李洪彦，王超鹏 ."沂蒙精神"的提出、凝炼与理论升华 [EB/OL].沂蒙文化网 http：//www.ymrw.net/news/？1169.html.

行群众路线的最好诠释。正是一切为了群众，一切依靠群众的方针才铸就了水乳交融的党群关系，生死与共的军民情谊。[①]是党对人民的忠诚造就了人民对党的忠诚。

二、沂蒙精神的育人价值

（一）沂蒙精神的政治属性与文化属性

属性是描述事物性质的重要工具，厘清沂蒙精神的属性有助于我们更准确地理解和把握沂蒙精神的本质和精髓。沂蒙精神具有政治和文化的双重属性。

1. 沂蒙精神的政治属性

沂蒙精神是一种政治信念。随着马克思主义在沂蒙地区的传播，中国共产党在沂蒙地区的第一个党组织于1927年在沂水县成立，之后马克思主义、共产主义逐渐成为沂蒙地区无产阶级人民群众的信仰。中国共产党作为一个马克思主义政党，带领广大无产阶级人民翻身闹革命。沂蒙人民逐渐认识到，共产党和人民有着共同的敌人、共同的目标，只有共产党才是知心人。所以，中国共产党受到了人民群众的爱戴和拥护，沂蒙人民坚定了跟党走的信念。

沂蒙精神是一种政治品质。沂蒙精神的政治品质可以概括为：对党忠诚、立场坚定、无私奉献、不怕牺牲。首先，"党群同心"表述的党对人民群众的无限忠诚和人民群众对党的绝对忠诚。1940年创作于临沂的革命歌曲《跟着共产党走》，就是人民对党忠诚的经典写照。中国共产党以"为人民谋解放，为人民谋幸福"为初心和使命、目标与追求。中国共产党一切为了人民，一切也依靠人民。党与人民的忠诚是双向的，只有双向的关系是最可靠和最持久的，所以党与人民的关系是葆有永久生命力的关系。其次，"军民情深、水乳交融、生死与共"表述的就是军民关系的坚定、无私与无畏。军民水乳交融、生死与共，描述的就是沂蒙精神所代表的立场坚定、无私奉献、不怕牺牲的政治品质。军民相互坚定地爱护与支持所以才"情深"，军民相互无私地奉献与付出所以才

---

① 孙海英，王淑彩. 论沂蒙精神党性与人民性的统一 [J]. 临沂大学学报，2020（12）：7.

"交融"，军民相互无畏地流血与牺牲所以才"与共"。拥军支前的"沂蒙六姐妹"、舍小家顾大家的"沂蒙母亲"、大爱无疆乳汁救伤员的"沂蒙红嫂"，都是对沂蒙精神政治品质的生动诠释。

沂蒙精神是一种政治意识。政治意识是从政治上看待、分析和处理问题的意识，在革命年代主要体现在两种观念上。一是大局观，二是集体观。大局观念是指革命时期沂蒙地区的党政军民都能自觉站在革命的大局上考虑问题、看待问题和处理问题，坚决与党中央保持一致，贯彻落实党中央的决策部署，确保了党中央的政令畅通，这在当时条件极其艰难困苦的情况下尤其显得难能可贵。当时每一位中国共产党人坚守初心使命，每一位沂蒙人民不忘忠诚担当，做到了忠诚于党，任何时候都与党保持同心同德，所以才能"党群同心、军民情深"。集体观念是指集体事项优先于个人事项，舍小家顾大家，先集体后个人；是不怕流血牺牲，甘于奉献、不求回报；是强烈的责任感、自豪感和集体荣誉感。

2. 沂蒙精神的文化属性

沂蒙精神是爱党、爱国情感与意志的集合。情感、意志是文化属性的概念，沂蒙精神是一种"革命文化形态"。[①]情感与意志是这种革命文化形态的软符号，这种软符号可以被定义与诠释、凝练与传播、继承与发扬。因此沂蒙精神作为中国红色革命精神之一，被中共中央宣传部梳理为中国共产党人精神谱系第一批伟大精神。沂蒙精神属于中华民族优秀文化的重要组成部分，它不仅是数千年中华传统文化哺育的成果，也是沂蒙文化在时代背景下的传承与创新，它充实与丰富了中华民族优秀传统文化的历史内涵。沂蒙精神的文化属性也决定了其具有文化传承和育人功能。

（二）沂蒙精神的群体特征与时代特征

沂蒙精神具有群体性和时代性的鲜明特征。群体性表明了沂蒙精神横向的适用性，它是全体沂蒙人民乃至全国人民的精神；时代性表明了沂蒙精神纵向的适

---

① 韩延明.《沂蒙精神》的"定义"探析[EB/OL].沂蒙文化网 http：//www. ymrw.net/news/？1170.html.

用性，它不是一成不变的，而是随着时代的变迁日益丰满。

1. 沂蒙精神的群体特征

沂蒙精神不是某个或者某些独特个体创造的，也不是凭空臆想或捏造的，而是全体沂蒙地区党政军民在革命过程中自然凝练形成的群体精神。虽然这种精神不是独特个体创造的，但是又突出体现在每一个沂蒙人民身上。因此，沂蒙精神是体现沂蒙人民群体性特征的精神。它是由全体沂蒙人民共同创造、汇集、合成、凝练、传承、发扬的先进群体精神，是中华民族优秀传统文化在沂蒙地区历经革命战争洗礼后的涅槃重生，是对沂蒙人民意志的考验与历史选择。沂蒙精神就像一条不断壮大、生机蓬勃的支流汇入浩荡的中华民族文化与精神洪流中，成为中国共产党伟大建党精神的重要组成部分，中华民族伟大精神在这里得到集中体现和发扬。

2. 沂蒙精神的时代特征

沂蒙精神的形成不是一蹴而就的，而是一个逐渐丰满、日益丰富的过程。纵观其发展历程，虽然其对党忠诚的核心特征未有变化，但不同时期的内涵侧重略有不同。人们对沂蒙精神内涵的认识、概括和总结经历了一个不断探索与深化的过程，这个过程反映的就是不同时期沂蒙精神的侧重表征。

新民主主义革命时期，主要任务是实现抗日战争和解放战争的伟大胜利，推翻压迫在人民身上的"三座大山"。这个时期，沂蒙人民坚定了跟党走的信念，铸就了鱼水情深的军民情谊。共产党用科学的马克思主义引领人民追求理想目标，带领人民抵抗外敌、反抗压迫。沂蒙人民逐渐认识到共产党是自己的引路人，是实现民族解放、人民翻身的希望。这个过程，沂蒙精神的核心特征逐渐形成。同时，在当时艰苦的环境中，沂蒙人民展现出了顽强的毅力、爱国主义情怀和不怕牺牲的精神，他们不畏艰难困苦，积极投身革命斗争，为民族的解放事业作出了巨大贡献。这个阶段，沂蒙人民爱党爱军、勇往直前、不怕牺牲、无私奉献的精神显现得淋漓尽致。新民主主义革命胜利后，完整、系统的沂蒙精神已经在沂蒙大地生根、落地。

社会主义革命和建设时期，沂蒙人民在中国共产党的领导下，积极投身社会主义革命和建设事业，表现出了坚如磐石的信仰、大公无私的奉献、高昂的建设热情和顽强的奋斗精神。"愚公移山，改造中国，厉家寨是一个好例"，1955年至1957年，毛泽东主席三次亲笔批示，肯定推广的莒南县厉家寨、王家坊前、高家柳沟三个村的典型经验，就是对这些精神的鲜明写照。饮水思源，作为如今临沂市重要饮用水源地、山东第二大水库的云蒙湖，就是当年5.5万名民工用最原始的镢头、铁锨等工具修建起来的，当时他们都是响应党的号召，义无反顾地投入"千库万塘"兴修水利的建设高潮之中。正是沂蒙人民这种不畏艰难险阻、顽强奋斗的精神，为国家的繁荣富强和人民的幸福安康作出了重要贡献。

改革开放和社会主义现代化建设新时期，党的主要任务是继续探索中国建设社会主义的正确道路，解放和发展社会生产力，使人民摆脱贫困、尽快富裕起来。这一时期，对沂蒙精神的概括由1989年的"团结奋斗、无私奉献、艰苦创业、求实创新"调整为1997年的"爱党爱军、开拓奋进、艰苦创业、无私奉献"。这期间重点突出了沂蒙精神"开拓"与"创业"的时代特征。沂蒙人民全面贯彻党中央经济建设的方针与政策，全力进行社会主义现代化建设工作。平邑县天宝乡九间棚村的奋斗故事就是艰苦创业、开拓奋进精神的典型事例。20世纪80年代，九间棚村的9名党员带领村民硬是通过肩扛人抬"架电、修路、整山、治水、栽树"，利用六年的时间勒紧腰带搞工程，没有向国家要一分钱，用勤劳的双手战胜了恶劣的自然环境，让全体村民在1990年实现了温饱。一时间"九间棚事迹"传遍全国，掀起向九间棚学习的热潮。正是沂蒙精神无形中激励着沂蒙人民不断开拓创新、努力奋斗，来获得现代化建设事业的成功。

进入中国特色社会主义新时代，沂蒙人民坚持与时俱进，大力弘扬沂蒙精神，就要坚持以伟大建党精神为统领、以人民为中心、以社会主义核心价值观为指引，走好新时代党的群众路线，推动经济社会发展、增进人民福祉。[①]在新时代，沂

---

① 尚庆飞，赵长芬.在现代化建设中打造"新时代沂蒙精神"[J].临沂大学学报，2023（5）：45.

蒙精神更加体现出传承与创新的特点，坚持了继承性与创新性的统一。

三、沂蒙精神的育人资源

沂蒙精神具有丰富的育人价值和强大的育人功能，而育人价值和功能的实现需要借助于有效的资源方可实现。总体来讲，沂蒙精神的育人资源可以分为理论资源和实践资源两类。

（一）沂蒙精神理论资源

针对沂蒙精神的有关理论研究成果丰硕，社会各界从不同角度多维度、全方位地对沂蒙精神进行了理论挖掘，已经形成了较为系统的沂蒙精神理论体系。沂蒙精神得到社会高度认可，与延安精神、井冈山精神、西柏坡精神等一起，被视为党和国家的宝贵精神财富。沂蒙精神理论在政治教育、品德教育、文化传播和精神传承等领域具有重要价值和意义。

首次明确提出沂蒙精神的概念并对沂蒙精神开始进行深入研究是始于 20 世纪 80 年代末。随着改革开放的深入，社会上出现了较多负面思潮，对党的思想建设和政治建设产生了一些冲击。为了抵抗这种冲击，中共临沂地委作出了弘扬沂蒙精神的决定。1989 年 12 月 12 日，时任地委宣传部长的李祥栋在《临沂大众》报上发表文章，第一次明确、公开、系统地提出和论述了沂蒙精神的概念和内涵。1990 年 2 月，时任山东省委书记的姜春云到临沂视察指导，对沂蒙精神研究与弘扬做了指示，是年 4 月，首场"沂蒙精神"报告会在济南举办。5 月，中共临沂地委、临沂地区行署做出《关于进一步弘扬沂蒙精神，振兴沂蒙的决定》。从此以后，"沂蒙精神"的提法在全社会得到普遍接受和认可。1990 年 12 月，邓小平为华东革命烈士陵园题词"革命精神，光照千秋"，这个"革命精神"实际上就是沂蒙精神。1992 年 7 月，江泽民到沂蒙老区视察工作，题词："弘扬沂蒙精神，振兴临沂经济。"1999 年 1 月，胡锦涛到临沂视察工作，对沂蒙精神的弘扬给予高度评价，赞扬"形成了具有时代特征的沂蒙精神"。

此外，关于沂蒙精神的理论研究还包括沂蒙革命史实研究中关于党群、军民关系等内容的研究。这类研究抢救性挖掘了"乳汁救伤员""沂蒙六姐妹""孟良崮四大娘""堡垒村"等描述党群同心、军民情深的可歌可泣的历史故事。通过这些故事将水乳交融、生死与共的军民情谊用百姓耳熟能详的语言记录下来，例如人民军队对群众"缸满院净""不拿群众一针一线"的作风和纪律；再如沂蒙人民对军队"最后一块布做军装，最后一口饭做军粮，最后一个儿子送战场"的坚定支持。这些史实放在整个中华民族历史洪流中可能仅是一朵小浪花，但正是这些普普通通的人民百姓描绘出了壮丽的历史画卷。讲好这些故事对弘扬沂蒙精神的育人价值同样重要。

（三）沂蒙精神的实践资源

沂蒙精神的实践资源包含革命遗址、遗迹、遗物，红色教育场馆，以及相关文艺作品等。这些实践资源是有效弘扬沂蒙精神，发挥沂蒙精神育人功能不可或缺的媒介。沂蒙地区在这方面有着丰富的资源，弘扬沂蒙精神的条件得天独厚，充分开发与利用好这些资源对实现沂蒙精神的教育价值非常重要。

革命战争年代，在沂蒙地区先后发生了4000多场大小战斗，"村村有烈士，乡乡有红嫂"，几乎每个山头都有可歌可泣的故事。沂蒙革命根据地的420多万人口中，有120多万人拥军支前，10万多名烈士英勇牺牲[1]。所以，临沂市近年来围绕革命遗址、遗迹、遗物挖掘工作取得了丰硕成果，为新时代弘扬沂蒙精神作出了巨大贡献，同时，该工作本身也是对沂蒙精神的践行与实践。另外还围绕沂蒙精神的开发打造了多处红色教育场馆或基地。代表性的革命遗址遗迹及教育场馆如：八路军115师司令部旧址（暨山东省政府旧址）、新四军军部旧址、《大众日报》创刊地旧址、山东省战工会遗址、孟良崮战役遗址、沂蒙革命纪念馆、沂蒙红嫂纪念馆、沂蒙六姐妹纪念馆、大青山突围战纪念馆、刘少奇在沂蒙纪念馆、曹玉海烈士纪念馆等。共计有多达140余处的沂蒙精神教育实践基地，形成了"红色沂蒙山"的品牌。

相关文艺作品的创作成果也非常丰富。如《日出》《南征北战》《沂蒙》《沂

蒙六姐妹》等影视作品,《沂蒙颂歌》《蒙山沂水》《沂蒙史诗》《渊子崖》《沂蒙印象》等文艺作品,《不能忘却的纪念》《永远的歌声》等多部专题片。这些作品集中反映了沂蒙光荣的革命历史和现代建设成就,全面宣传和弘扬了沂蒙精神。

四、沂蒙精神与新时代大学生道德教育的契合性

大学生作为接受高等教育的群体,他们不仅是高端知识技能的掌握者,更是理想信念的传承者和社会责任的担当者,他们是社会主义建设未来的中坚力量,因此做好新时代大学生道德教育工作至关重要。将沂蒙精神融入新时代大学生的道德教育有高度的正当性和必要性,这既是新时代大学生道德教育的需要,也是弘扬沂蒙精神的需要。沂蒙精神与大学生道德教育的目标、内容与路径具有高度的一致性。

(一)沂蒙精神的内涵与大学生道德教育目标高度契合

大学生的道德教育旨在帮助大学生确立坚定的理想信念,树立正确的世界观、人生观和价值观,培养爱国主义思想、民族精神和时代精神,形成良好的道德情操和道德修养,在提升科学文化素养的同时全面提升思想道德素质,达到知行合一、德才共进、全面发展的目标。而沂蒙精神的内涵与上述目标是高度契合的。将沂蒙精神融入大学生道德教育有助于解决当前大学生信仰缺失、理想模糊、精神迷茫等问题,也非常有利于弘扬社会主义核心价值观,抵制拜金主义、功利主义、享乐主义、个人主义等腐朽思想对当代大学生的侵蚀。

沂蒙精神中的坚定信仰和忠诚担当,体现了对党的忠诚和对人民的深情厚谊,这与新时代道德教育中强调的理想信念教育不谋而合。通过学习沂蒙精神,大学生可以更加深刻地理解中国共产党的历史使命,坚定共产主义远大理想和中国特色社会主义共同理想。沂蒙精神是中国共产党领导人民在革命、建设和改革过程中形成的重要精神财富,其蕴含的价值观与"四个自信"紧密相连。将沂蒙精神融入道德教育,有助于大学生树立正确的历史观、民族观、国家观和文化观,增强对中国特色社会主义的认同感和自豪感。沂蒙精神中的无私奉献和艰苦奋斗,

体现了崇高的道德情操和价值追求，这对于引导大学生形成良好的道德品质具有重要作用。在道德教育中弘扬沂蒙精神，可以促使大学生自觉践行社会主义核心价值观，培养他们的集体主义精神和助人为乐的品质。沂蒙精神中的团结互助和众志成城，展现了人民群众在困难时期的相互扶持和共同奋斗，这对于培养大学生的团结协作意识至关重要。通过学习沂蒙精神，大学生可以认识到团结的力量，学会在集体中成长，在合作中实现自我价值。沂蒙精神中的勇于担当和顽强意志，体现了革命先辈们对国家和民族的责任意识，这对于培养大学生的社会责任感至关重要。通过学习沂蒙精神，大学生可以深刻理解个人命运与国家、民族的紧密联系，激发他们为实现中华民族伟大复兴中国梦而努力学习、积极工作的动力。沂蒙精神中的敢为人先和开拓进取，体现了革命先辈们的创新意识和实践勇气，这对于激发大学生的创新精神具有重要意义。将沂蒙精神融入道德教育，可以鼓励大学生勇于探索、敢于创新，在新时代的征程中不断开辟新的道路。沂蒙精神中的深厚爱国情怀，是爱国主义教育的重要内容，这对于激发大学生的国家认同感和归属感具有重要意义。将沂蒙精神融入道德教育，可以让大学生更加深刻地认识到国家的繁荣富强与个人的努力息息相关，从而更加热爱祖国、为国奉献。

沂蒙精神的全面性，涵盖了理想信念、道德品质、情感意志、创新精神等多个方面，这与新时代大学生道德教育的目标高度契合。通过深入学习和传承沂蒙精神，可以为大学生成长为有理想、有本领、有担当的时代新人提供强大的精神动力和思想保障。

（二）沂蒙精神的具化与大学生道德教育内容高度契合

沂蒙精神在理论上具有高度的凝练性，同时在实践层面又具有显著的物化性。凝练的沂蒙精神在实践生活中都可以得到现实的转化，它不是空洞的口号，而是具体化的存在。沂蒙精神具化的特点使得将沂蒙精神融入大学生道德教育中有了现实抓手，具化的沂蒙精神就是大学生道德教育鲜活而具体的内容。

沂蒙精神通过一系列的历史史实、代表人物、遗物遗迹等传承和显现。沂蒙地区是抗日战争和解放战争期间重要的革命根据地，这里发生的诸如大青山突围战、孟良崮战役等历史事件均生动体现了沂蒙人民的坚韧不拔和伟大牺牲。沂蒙人民在中国共产党的领导下，不畏艰难险阻，展现了难能可贵的大局观念和自我牺牲精神。沂蒙地区人民送子、送夫参军，做布鞋、烙煎饼支援前线，担架火线救伤员等诸多事迹，都深深地印刻着沂蒙精神的烙印。沂蒙人民的坚持与奋斗为全国的抗战胜利和解放作出了重大贡献，这些胜利果实同样凝聚着沂蒙精神的精华。沂蒙地区在抗日战争时期长期承担着山东抗日根据地首府所在地和党政军指挥中心的重要角色，是中共中央山东分局、山东省战时工作推行委员会、八路军山东纵队、115 师司令部、抗大一分校、大众日报社等党政军机关驻地。老一辈革命家刘少奇、陈毅、罗荣桓、徐向前、粟裕等，都曾在沂蒙老区工作过、生活过、战斗过，他们是沂蒙精神的创造者和传承者，是沂蒙精神的象征。同时，无数沂蒙地区战士和群众的无私奉献与牺牲，构建了沂蒙精神的坚实基础，如沂蒙红嫂无私支援革命的故事，代代相传，激励后人。诸多沂蒙人民的革命故事通过家族口述、教育讲授等方式，被一代代沂蒙人民传承下来，成为传承和发扬沂蒙精神的重要载体。沂蒙地区革命遗址如抗日民主政府旧址、革命烈士陵园等地的保护，为沂蒙精神提供了物质见证。各类革命博物馆、纪念馆对沂蒙地区革命战争时期的武器、文件、生活用品等文物的收集与展示，让沂蒙精神得以直观展现。纪念碑、纪念馆等建筑的建立，使得沂蒙精神有形化，更易于被民众所认知与传播。这些具体化的沂蒙精神正是大学生道德教育不可多得的教育内容。

（三）沂蒙精神的弘扬与大学生道德教育路径高度契合

研究如何扩宽大学生道德教育路径，活跃道德教育形式，提升道德教育质量，增强道德教育效果十分重要。沂蒙精神不仅是中华民族精神的重要组成部分，也是践行社会主义核心价值观的生动载体。弘扬沂蒙精神与大学生道德教育路径高度一致，利用沂蒙精神进行大学生道德教育就是弘扬沂蒙精神的重要路径和生动体现。

首先，沂蒙精神的融入有助于增强大学生道德教育的时代感和吸引力。新时代的大学生思想活跃、独立意识强，传统的道德教育方式可能难以满足他们的需要。而沂蒙精神作为革命文化的传承，其蕴含的故事和精神具有强烈的时代感和生动性，能够引起大学生的情感共鸣，激发他们的爱国情怀和历史责任感。通过讲述沂蒙精神中的英雄事迹，可以让大学生深刻感受到革命先烈的崇高品质和伟大牺牲，从而增强道德教育的吸引力和感染力。

其次，沂蒙精神的融入有助于提升大学生道德教育的针对性和实效性。沂蒙精神中的坚定理想信念、无私奉献精神、艰苦奋斗作风等价值观念，与大学生成长成才的需求高度契合。在当前社会转型期，大学生面临着各种思想文化的冲击和选择，如何坚持正确的价值观成为他们必须面对的问题。将沂蒙精神融入道德教育，可以帮助大学生树立正确的世界观、人生观和价值观，增强他们面对困难和挑战时的坚韧不拔和自我超越的能力，提升教育的针对性和实效性。

最后，沂蒙精神的融入有助于丰富大学生道德教育的体验和感受。传统的道德教育可能过于侧重理论教学，缺乏生动的实践案例和互动体验。而沂蒙精神提供了丰富的教育资源，可以通过开展红色教育基地参观、革命故事讲述、志愿服务活动等多种形式，使大学生在参与中学习，在实践中体验，从而更加深刻地理解和领会沂蒙精神的内涵。这种寓教于乐的方式，不仅能够拓宽教育内容，还能够提高教育的趣味性和互动性。

综上所述，沂蒙精神是中国共产党带领沂蒙人民创作的鸿篇巨制，沂蒙精神是中国人民宝贵的精神财富，我们要充分研究好沂蒙精神，发挥沂蒙精神的育人功能。将沂蒙精神融入新时代大学生道德教育中可以培养出更多具有坚定理想信念、高尚道德情操、扎实学识素养、勇于创新创业的社会主义建设者和接班人，为实现中华民族伟大复兴的中国梦提供强大的人才支持和精神动力。

第二节　沂蒙精神融入大学生道德教育的传统路径

沂蒙精神在大学生道德教育中的重要价值如何实现，传统上主要从三个方面进行。

一、课堂上融入式传递沂蒙精神

课堂是进行大学生道德教育的第一阵地,用好课堂教育这一主渠道至关重要。通过课堂传递好沂蒙精神需要强调"融入"两个字。"融入"具有物理上的"混合"和化学上的"溶合"双层含义,所以将沂蒙精神融入大学生道德教育课堂中是全面、彻底的融合。

首先是教学目标的融合。沂蒙精神作为中国共产党人精神谱系的重要组成部分,本身就是大学生道德教育的重要内容之一,所以教学目标与大学生思政课的目标是完全一致的,不需要割裂开来。

其次是教学内容的融合。沂蒙精神作为道德教育内容的重要构成,应强化其与其他课程内容的交叉渗透,通过时间线索、历史事件、人物关系及价值地位等多维度关联,深化沂蒙精神与中国革命、建设历史的内在联系,引导学生认识到沂蒙精神不仅是地域性精神标识,更是中华民族伟大精神的典型体现,学习沂蒙精神即是对中华民族精神从个体到集体升华过程的深刻领悟。

最后是教学手段的融合。传统思政课效果不佳的重要原因是教师只注重了理论知识的讲授,而脱离了理论产生的事实情景,学生无法产生情感共鸣。针对传统思政课偏重理论灌输、忽视情境营造的问题,沂蒙精神以其丰富的历史内涵和生动的人物事迹为教学资源,提供了情感共鸣的契机。教师应灵活运用现代教学手法与技术设备,将沂蒙精神的历史事件与人物故事融入课堂,实现理论知识与实践案例的有机结合,促进教学方法的创新,以期达到更佳的教学效果。

二、校园里立体式宣传沂蒙精神

校园文化在道德教育中占据举足轻重的地位,其隐性教育功能能够实现"潜移默化,润物无声"的育人效果。构建全方位、多维度的沂蒙精神校园文化体系,对于强化沂蒙精神在道德教育中的渗透力具有显著作用。

具体而言,一是依托传统宣传媒介实施持续性展示策略,如设立主题宣传栏、悬挂标语,详述沂蒙精神的历史脉络、核心要义及价值贡献,并辅以图文、故事等素材，同时在校园公共区域广泛布置相关标语，营造浓厚的红色文化环境。对于资源充裕的院校，可进一步建设沂蒙精神主题文化园区，集中展示标志性文物、图片、雕塑等，以增强直观感受。二是借助新媒体平台，运用音视频等多媒体手段深化沂蒙精神的传播与渗透。通过校园网、校园广播、电视频道及社交媒体公众号等渠道，定期播放沂蒙精神宣传片及深度报道，使学生在日常学习生活中持续受到熏陶，增进对沂蒙精神的认知与认同。三是通过策划系列主题活动，拓展沂蒙精神宣传的深度与广度。举办专题讲座、学术研讨会，邀请专家学者及革命后代亲临现场，分享沂蒙精神的真实故事与深远影响。同时，组织红色歌曲传唱、红色故事演讲、红色剧目展演等文化活动，让学生在参与体验中深刻体会沂蒙精神的独特魅力与强大力量。此外，还可举办沂蒙精神主题展览，系统展示沂蒙地区革命历程、英雄群像及文化遗产，使学生近距离感受沂蒙精神的历史厚重与文化深邃。

三、实践中沉浸式体验沂蒙精神

实践作为思政教学的核心环节，不仅是验证理论真理性、强化理论应用性的必由之路，也是传统大学生道德教育体系中常被边缘化的领域，其根源在于实践路径的缺失与有效实施手段的匮乏。沂蒙精神所蕴含了丰富且系统化的教育资源，将沂蒙精神引入大学生道德教育，将为思政实践教学开辟新的实践路径与坚实支撑。

沂蒙精神之所以能够深入沉浸式应用于思政实践教学环节，一是沂蒙精神已构建起一套较为完善的理论体系，其社会认可度极高，与延安精神、井冈山精神、西柏坡精神等并列为党和国家的珍贵精神遗产，对于政治启蒙、品德塑造、文化传承及精神接续具有不可估量的价值。二是沂蒙精神蕴含着丰富的实践教育资源库，涵盖革命遗址、遗迹、遗物，红色教育基地，以及各类文艺创作等，这些资源构成了弘扬沂蒙精神、发挥其教育功能不可或缺的桥梁。在道德教育实践中，可巧妙整合志愿服务、实地考察、文化交流、文艺展演等多元社会实践形式，为学生提供亲身体验沂蒙精神的机会，从而深化对其内涵的理解与感悟，进而激发强烈的爱国主义情感与民族精神共鸣。

第三节　信息化背景下沂蒙精神融入大学生道德教育的创新路径

在信息化高速发展的今天，如何利用现代技术手段与信息化条件，将沂蒙精神有效融入大学生道德教育之中，成为提升教育效果、增强学生道德认知与情感共鸣的重要途径。以下是从三个方面探讨的具体实践路径。

一、数字化课堂：沂蒙精神的精准融入与互动教学

（一）在线教学资源库建设

构建包含沂蒙精神相关视频、音频、图文资料等多媒体素材的在线教学资源库，便于师生随时随地访问学习。利用大数据和人工智能技术，为学生推荐个性化的学习路径，确保沂蒙精神内容能够精准对接学生需求。

在构建沂蒙精神在线教学资源库的过程中，我们不仅需要广泛搜集并整理高质量的多媒体素材，还应着眼于资源库的持续优化与动态更新，以确保其内容的丰富性、时效性和针对性。

1. 多元化素材采集与整理

一是充分重视历史影像资料。积极联系档案馆、博物馆等机构，获取珍贵的历史影像资料，如沂蒙革命战争时期的纪录片、老照片等，这些原始素材能够生动再现历史场景，增强学生的代入感。

二是采集口述历史。邀请沂蒙革命老区的老战士、见证者进行口述访谈，录制他们的亲身经历和感人故事，作为独特的音频素材纳入资源库，让学生听到历史的声音，感受沂蒙精神的温度。

三是进行专家讲座与解读。邀请历史学、思想政治教育等领域的专家学者，

就沂蒙精神进行专题讲座和深度解读，录制成视频课程，为学生提供权威的学习资源。

2.智能化推荐系统

一是进行个性化学习路径规划。利用大数据分析学生的学习行为、兴趣偏好及学习成效，结合沂蒙精神的知识体系，为每位学生量身定制个性化的学习路径。这不仅能提高学习效率，还能有效激发学生的学习兴趣和动力。

二是进行智能问答与辅导。开发智能问答系统，针对学生在学习过程中遇到的问题进行即时解答。同时，提供虚拟学习伙伴或 AI 辅导老师，进行一对一的辅导和交流，增强学习的互动性和趣味性。

3.互动学习社区建设

一是建设在线论坛与讨论区。设立沂蒙精神学习专区，鼓励学生发表学习心得、分享感悟、提出问题，形成积极向上的学习氛围。教师和管理员可定期参与讨论，引导学生深入思考，促进思想的碰撞与融合。

二是利用协作学习项目。设计基于沂蒙精神的协作学习项目,如历史剧创作、调研报告撰写等,鼓励学生分组合作，共同完成学习任务。通过团队协作，培养学生的沟通能力、协作精神和创新能力。

4.资源库的持续更新与维护

一是要重视定期审核与更新。建立资源库内容的定期审核机制，确保所有素材的准确性和时效性。同时，根据教学需求和学生反馈，不断补充新的素材和课程，保持资源库的活力和吸引力。

二是要加强技术保障与安全防护。加强资源库的技术保障工作，确保平台的稳定运行和数据安全。采用先进的加密技术和防护措施，保护学生的个人隐私和信息安全。

（二）混合式教学模式

结合线上预习、线下讨论与互动的教学模式，通过在线平台发布沂蒙精神相关的学习任务、案例分析等，引导学生在课前进行自主学习。课堂上则侧重于深度讨论、角色扮演、模拟演练等互动环节，加深学生对沂蒙精神内涵的理解与情感体验。

在混合式教学模式的框架下，为了更有效地将沂蒙精神融入大学生思想政治教育，我们需要进一步细化教学流程，丰富教学手段，并探索更加高效、互动的教学策略。

1. 线上预习的个性化与深度化

一是要分层预习学习任务。根据学生的学习能力和兴趣差异，设计不同层次的预习任务。基础任务涵盖沂蒙精神的基本概念、历史背景等，而进阶任务则涉及深度阅读、案例分析或视频观看后的反思题，鼓励学生进行批判性思考。

二是要利用互动预习社群进行互动交流。建立线上预习社群，鼓励学生之间、师生之间在预习阶段就进行初步的讨论和交流。教师可以设定讨论话题，引导学生分享预习心得，提出问题，为课堂讨论预热。

2. 线下课堂的互动与体验

一是要加强多元化互动环节。除了传统的课堂讲授外，引入更多的互动环节，如小组讨论、角色扮演、模拟法庭、辩论赛等，让学生在参与中体验沂蒙精神的内涵与价值。例如，通过角色扮演重现沂蒙革命时期的英雄事迹，让学生在情境中感受革命先烈的英勇与牺牲。

二是要重视情境模拟教学。利用虚拟现实（VR）、增强现实（AR）等现代技术手段，创设沂蒙革命历史场景的模拟环境，让学生身临其境地体验革命斗争的艰辛与伟大，增强教学的直观性和感染力。

3. 混合式学习评估与反馈

一是要重视过程性评价。除了传统的期末考核外，重视过程性评价，将学生的线上预习情况、课堂参与度、互动表现、作业完成情况等纳入评价体系，全面反映学生的学习状况。

二是要重视即时反馈机制。建立即时反馈机制，无论是线上还是线下，教师都应及时给予学生反馈，肯定成绩，指出不足，帮助学生及时调整学习策略，提高学习效果。

4. 持续优化与创新

一是要定期进行教学反思。组织教师定期进行教学反思，总结混合式教学模式在沂蒙精神教育中的成功经验与存在问题，不断探索新的教学方法和手段。

二是要进行跨界合作与交流。加强与其他高校、研究机构、红色教育基地等的交流与合作，共同开发优质教学资源，分享教学经验，推动混合式教学模式在沂蒙精神教育中的不断创新与发展。

通过上述策略的实施，混合式教学模式将更加完善，能够更好地将沂蒙精神融入大学生思想政治教育，提升学生的道德认知、情感共鸣和行动能力。

（三）虚拟现实（VR）体验

利用 VR 技术重现沂蒙革命历史场景，使学生身临其境地感受沂蒙人民英勇斗争的历程，增强教育的沉浸感和感染力。通过 VR 体验，学生可以更加直观地理解沂蒙精神的实质与意义。

在探索沂蒙精神传承与教育的创新路径中，虚拟现实（VR）技术的引入无疑为传统教学模式带来了革命性的变革。这项技术不仅能够打破时间与空间的限制，还能以高度仿真的方式重现沂蒙革命历史场景，为学生打造出一个身临其境的学习环境，极大地增强了教育的沉浸感和感染力。

1. 沉浸式场景构建

利用先进的 VR 技术，我们可以精确还原沂蒙山区的地形地貌、革命遗址、历史建筑等，甚至能够模拟出战争硝烟、枪林弹雨等紧张激烈的战斗场景。学生佩戴 VR 设备后，仿佛穿越时空，置身于那个烽火连天的年代，亲眼见证沂蒙人民在艰苦卓绝的环境中英勇斗争的壮丽篇章。这种沉浸式的体验，让学生能够更加直观地感受到革命先烈的英勇与牺牲，深刻理解沂蒙精神的内涵与价值。

2. 互动体验与情感共鸣

VR 体验不仅仅是视觉上的震撼，更在于其强大的互动性。在虚拟环境中，学生可以参与到历史事件中去，与虚拟角色进行互动，执行各种任务，如传递情报、救助伤员、参与战斗等。这种参与感极强的互动体验，能够让学生在实践中学习、在体验中成长，进一步加深对沂蒙精神的理解和认同。同时，通过 VR 技术营造出的真实情感氛围，还能够激发学生的情感共鸣，使他们在心灵深处感受到沂蒙精神的伟大与崇高。

3. 深度探索与自主学习

VR 体验还为学生提供了深度探索的机会。在虚拟环境中，学生可以自由探索各个角落，发现隐藏在历史背后的故事和细节。这种自主探索的学习方式，能够激发学生的好奇心和求知欲，促使他们主动思考、积极提问、深入探究。同时，VR 平台还可以根据学生的学习进度和兴趣点，提供个性化的学习资源和路径推荐，帮助学生实现自主学习和个性化发展。

4. 教育效果评估与反馈

为了确保 VR 体验教育的有效性和针对性，我们还需要建立一套完善的评估与反馈机制。通过收集学生在 VR 体验过程中的行为数据、情感反应、学习成效等信息，我们可以对教学效果进行客观评估，并据此调整教学内容、方法和策略。同时，教师还可以通过与学生的互动交流，了解他们的学习体验和感受，及时给予指导和帮助，进一步提升教学效果和学生的学习满意度。

综上所述，虚拟现实（VR）体验作为一种创新的教育手段，在沂蒙精神传承与教育中具有巨大的潜力和优势。通过构建沉浸式场景、实现互动体验与情感共鸣、提供深度探索与自主学习机会以及建立评估与反馈机制等措施，我们可以充分利用 VR 技术的优势，推动沂蒙精神教育向更加深入、更加高效的方向发展。

二、数字化校园：沂蒙精神的全方位立体宣传

（一）数字宣传平台构建

利用校园网站、微信公众号、微博等新媒体平台，开设沂蒙精神专栏或专题，定期发布沂蒙精神的文章、视频、音频等内容，形成持续性的宣传氛围。同时，设立在线互动区，鼓励学生分享学习心得、交流感想，促进思想的碰撞与融合。

在构建以沂蒙精神为核心内容的数字宣传平台时，我们不仅要充分利用现有的新媒体渠道，还需探索更多元化的传播方式，以拓宽宣传的广度和深度，使沂蒙精神更加深入人心。

1. 跨平台整合与协同

一是要加强多平台联动。除了校园网站、微信公众号、微博等主流平台外，还可以考虑入驻抖音、快手等短视频平台，以及知乎、豆瓣等社区论坛，形成多平台联动的宣传矩阵。通过不同平台的特色与优势，实现沂蒙精神内容的多样化呈现和广泛传播。

二是要重视各平台间内容互推。在各平台之间建立内容互推机制，如将微信公众号上的深度文章以摘要或链接形式分享到微博，或在短视频平台上发布文章精华片段的短视频，引导用户跨平台访问，提升整体曝光度和用户黏性。

2. 内容创新与个性化定制

一是要加强原创内容生产。鼓励师生参与沂蒙精神相关内容的原创生产，如撰写文章、拍摄微电影、制作动画等，以新颖的视角和形式展现沂蒙精神的魅力。同时，设立优秀作品评选机制，激发创作热情，提升内容质量。

二是要重视个性化推送。利用大数据和人工智能技术，分析用户的阅读习惯和兴趣偏好，实现沂蒙精神相关内容的个性化推送。针对不同用户群体，推送符合其兴趣点的文章、视频等，提高内容的针对性和吸引力。

3. 互动体验与社群建设

一是要增强互动性。在数字宣传平台上设立丰富的互动环节，如在线问答、投票调查、话题讨论等，鼓励学生积极参与，表达自己的观点和感受。同时，设立"意见箱"或"建议区"，收集学生的反馈和建议，不断优化平台功能和内容。

二是要重视社群运营。建立沂蒙精神学习社群，邀请专家学者、优秀学生代表等加入，定期举办线上讲座、研讨会等活动，促进思想的碰撞与融合。通过社群运营，形成积极向上的学习氛围和强大的凝聚力，推动沂蒙精神在校园内的广泛传播和深入实践。

4.线上线下融合

一是要加强线下活动宣传。利用数字宣传平台对线下活动进行预热和宣传，如沂蒙精神主题展览、讲座、演出等。通过线上报名、直播观看、互动评论等方式，吸引更多学生参与线下活动，实现线上线下的有机融合。

二是要重视反馈与调整。根据线下活动的反馈和效果评估，及时调整数字宣传平台的内容和策略。同时，将线下活动的精彩瞬间和成果通过数字平台进行展示和分享，进一步扩大宣传效果和社会影响力。

（二）数字化展览与展示

在探索沂蒙精神传承与教育的新路径中，数字化展览与展示作为一种前沿手段，不仅极大地丰富了教育资源，还以其独特的魅力和便捷性，吸引了广大学生的关注与参与。为了进一步提升这一模式的教育效果，我们可以从以下几个方面进行拓展和创新。

1.交互式体验设计

在数字化展览中，除了基础的 3D 建模和全景展示外，融入更多的交互式元素，如热点标注、虚拟导游、互动问答等。通过点击或触摸屏幕，学生可以自主探索展览内容，深入了解革命遗址的历史背景、重要事件和人物故事。这种主动探索的学习方式，能够激发学生的学习兴趣，加深他们对沂蒙精神的理解和记忆。

2.多媒体内容融合

结合音频、视频、动画等多种媒体形式，丰富数字化展览的呈现方式。例如，在展示革命遗址时，可以播放相关的历史纪录片或访谈片段，让学生听到历史的声音；在介绍重要人物时，可以运用动画技术还原其生平事迹，使人物形象更加生动鲜活。多媒体内容的融合，能够为学生提供更加全面、立体的学习体验，增强教育的感染力和吸引力。

3.虚拟现实技术的深度应用

利用虚拟现实（VR）技术，为数字化展览提供沉浸式观展体验。学生佩戴

VR 设备后，可以仿佛置身于真实的革命遗址之中，与虚拟环境进行互动，感受历史的厚重与沧桑。通过 VR 技术，学生可以更加直观地了解沂蒙人民在革命斗争中的英勇与牺牲，深刻体会沂蒙精神的内涵与价值。这种身临其境的体验，将极大地提升学生的参与感和认同感，使沂蒙精神的教育更加深入人心。

4. 社交化学习与分享

在数字化展览平台上，设置社交化学习功能，如在线评论、点赞、分享等。学生可以在观展过程中发表自己的观点和感受，与其他同学或老师进行交流互动。同时，他们还可以将感兴趣的展览内容分享到社交媒体上，邀请更多人关注和参与。这种社交化学习的模式，不仅能够激发学生的学习热情，还能够扩大沂蒙精神的影响力，推动其在更广泛范围内的传播和弘扬。

5. 数据分析与优化

利用大数据分析技术，对数字化展览的访问量、用户行为、互动数据等进行分析，了解学生的学习偏好和需求。根据数据分析结果，不断优化展览内容和呈现方式，提升用户体验和学习效果。同时，还可以根据学生的学习进度和反馈，制订个性化的学习计划和推荐资源，为学生提供更加精准、高效的学习支持。

综上所述，数字化展览与展示在沂蒙精神教育中具有巨大的潜力和优势。通过不断创新和实践，我们可以将这一模式打造成为沂蒙精神传承与教育的重要载体和平台，为广大学生提供更加丰富、生动、便捷的学习体验。

（三）智能推送与个性化宣传

利用大数据和人工智能技术，分析学生的兴趣爱好、学习行为等数据，为学生精准推送沂蒙精神相关的宣传内容。通过个性化宣传，提高学生对沂蒙精神的关注度和认同感。

在数字化时代，智能推送与个性化宣传已成为提升信息传播效果、增强用户黏性的重要手段。在沂蒙精神的教育与传播中，运用大数据和人工智能技术，不仅能够实现宣传内容的精准投放，还能根据学生的个体差异，打造更具针对性的宣传策略，从而有效提升学生对沂蒙精神的关注度和认同感。

1. 数据驱动的内容定制

首先，通过收集学生在校园网络、学习平台、社交媒体等多渠道的行为数据，运用大数据分析技术，深入挖掘学生的兴趣爱好、学习偏好、信息接收习惯等特征。基于这些数据分析结果，对沂蒙精神宣传内容进行精细化分类和标签化处理，如历史故事、英雄事迹、文化解读、现代传承等不同维度。随后，根据每位学生的个性化特征，智能匹配并推送最符合其兴趣和学习需求的宣传内容，实现内容的定制化与个性化。

2. 情境感知的推送时机

除了内容定制外，智能推送还应关注推送时机的选择。通过监测学生的学习时间、活跃时段等情境信息，结合学生的学习节奏和习惯，在最适合的时机推送沂蒙精神相关内容。例如，在学生完成一项学习任务后推送一段轻松的历史小故事，或在重大纪念日前夕推送相关主题的教育活动信息。这种情境感知的推送策略，能够更有效地吸引学生的注意力，提高宣传内容的触达率和接受度。

3. 互动反馈与持续优化

智能推送与个性化宣传并非一蹴而就，而是需要持续迭代和优化的过程。为此，建立有效的互动反馈机制至关重要。通过收集学生对推送内容的阅读情况、点赞、评论、分享等互动数据，以及问卷调查、访谈等形式的用户反馈，评估宣传效果并识别潜在问题。基于这些数据反馈，不断调整推送策略、优化内容质量、丰富互动形式，以更好地满足学生的需求和期望。

4. 社群建设与文化传播

在智能推送与个性化宣传的基础上，还可以进一步构建沂蒙精神学习社群。通过社交媒体、学习平台等渠道，邀请志同道合的学生加入社群，共同分享学习心得、交流思想感悟。在社群中，可以定期举办线上讲座、研讨会、知识竞赛等活动，激发学生对沂蒙精神的兴趣和热情。同时，利用社群的力量进行口碑传播，鼓励学生将沂蒙精神的故事和理念传递给更多的人，形成广泛的文化传播效应。

综上所述，智能推送与个性化宣传在沂蒙精神教育中具有重要的应用价值。

通过数据驱动的内容定制、情境感知的推送时机、互动反馈与持续优化以及社群建设与文化传播等策略的探索与实践，我们能够更加精准地触达学生群体，激发他们对沂蒙精神的关注和认同，为沂蒙精神的传承与发展注入新的活力。

三、信息化实践：沂蒙精神的沉浸式体验与深度参与

（一）线上模拟实践活动

设计开发基于沂蒙精神的线上模拟实践活动，如虚拟志愿服务、在线文化交流、数字文艺创作等。通过这些活动，学生可以不受时间和空间的限制，随时随地参与沂蒙精神的实践体验，深化对其内涵的理解与感悟。

在当今数字化时代，线上模拟实践活动为传承与弘扬沂蒙精神开辟了全新的路径。通过精心设计的虚拟环境与互动平台，学生不仅能够跨越物理界限，还能在更加灵活多样的场景中深入体验沂蒙精神的精髓，实现理论与实践的深度融合。

1. 虚拟志愿服务体验

构建一系列以"沂蒙精神"为主题的虚拟志愿服务场景，如模拟参与农村支教、环境保护、文化传承等公益活动。学生可以在这些虚拟环境中扮演不同角色，如教师、环保志愿者、文化讲解员等，通过完成任务、解决问题来体验沂蒙人民无私奉献、勇于担当的精神风貌。这种沉浸式的志愿服务体验，不仅能够培养学生的社会责任感和使命感，还能让他们在实践中深刻理解沂蒙精神的现实意义和时代价值。

2. 在线文化交流平台

搭建一个集沂蒙文化展示、交流、传播于一体的在线平台，邀请专家学者、民间艺人、学生代表等共同参与。平台上可以设立多个板块，如沂蒙历史故事、民间艺术展示、方言学习角、文化交流论坛等，为学生提供丰富的文化资源和互动机会。通过在线观看视频、参与讨论、创作分享等形式，学生可以深入了解沂蒙文化的独特魅力，感受沂蒙人民勤劳智慧、坚韧不拔的精神品质。同时，平台还能促进学生之间的思想碰撞与文化交流，推动沂蒙精神在新时代的传承与发展。

3. 数字文艺创作工坊

开设数字文艺创作工坊，鼓励学生运用现代技术手段进行文艺创作，如制作微电影、动画短片、数字绘画、音频故事等。创作主题围绕沂蒙精神展开，可以是英雄人物的事迹再现、革命故事的创意改编、沂蒙风光的艺术呈现等。通过创作过程，学生能够更加深入地挖掘沂蒙精神的内涵，激发创新思维和审美能力。同时，优秀的数字文艺作品还可以通过线上平台展示分享，吸引更多人的关注和共鸣，进一步扩大沂蒙精神的影响力。

4. 评估与反馈机制

为了确保线上模拟实践活动的有效性和针对性，需要建立完善的评估与反馈机制。通过数据分析、问卷调查、访谈交流等方式收集学生的参与情况、学习成效、反馈意见等信息，对活动内容进行持续优化和改进。同时，还可以设立奖励机制表彰优秀学生和作品，激发学生的参与热情和创作动力。通过评估与反馈机制的建立和实施，可以不断提升线上模拟实践活动的质量和效果，为沂蒙精神的传承与发展提供更加有力的支持。

（二）远程实地考察与调研

利用远程视频会议、直播等技术手段，组织学生参与沂蒙地区革命遗址、纪念馆的远程实地考察与调研活动。通过与现场讲解员、革命后代等进行实时互动，学生可以更加深入地了解沂蒙精神的历史背景与现实意义。

在数字化教育的浪潮中，远程实地考察与调研作为一种创新的教学模式，正逐步成为连接历史与现实、课堂与实地的重要桥梁。针对沂蒙精神的传承与学习，我们充分利用远程视频会议、高清直播、虚拟现实（VR）等前沿技术，精心策划了一系列远程实地考察与调研活动，让学生即使身处千里之外，也能身临其境地感受沂蒙大地的历史厚重与精神风貌。

1. 实时互动，深度交流

活动通过高清视频会议平台，实现学生与沂蒙地区革命遗址、纪念馆现场讲解员的实时互动。讲解员不仅详细介绍遗址的历史背景、重要事件和人物故事，还通过直播镜头带领学生"走进"遗址内部，参观珍贵文物，感受历史氛围。同时，邀请革命后代参与连线，分享他们的家族记忆和感人故事，使学生能够更加直观地理解沂蒙精神背后的情感与牺牲。这种跨越时空的交流方式，极大地增强了学习的真实感和感染力。

2. 虚拟导览，全景体验

结合 VR 技术，我们开发了沂蒙地区革命遗址的虚拟导览系统。学生佩戴 VR 设备后，即可在虚拟世界中自由漫步于遗址之间，体验身临其境的参观感受。虚拟导览不仅还原了遗址的原始风貌，还融入了丰富的多媒体元素，如语音解说、视频片段、互动问答等，使学习过程更加生动有趣。通过 VR 技术的运用，学生可以在安全、便捷的环境中，获得与实地考察相媲美的学习体验。

3. 自主调研，深度思考

在远程实地考察与调研的基础上，我们鼓励学生开展自主调研活动。学生可以根据自己的兴趣和研究方向，选择特定的遗址或话题进行深入探究。通过查阅文献资料、观看在线讲座、参与线上讨论等方式，学生可以收集到丰富的信息和数据，为撰写调研报告或论文打下基础。同时，我们也鼓励学生将调研成果以多种形式进行展示和分享，如制作 PPT、拍摄短视频、撰写博客等，以激发更多的思考和讨论。

4. 团队协作，共同成长

远程实地考察与调研活动还注重培养学生的团队协作能力。在活动中，学生被分为不同的小组，每个小组负责一个或几个遗址的调研任务。小组成员之间需要密切沟通、分工合作，共同完成调研计划、收集资料、整理分析等工作。通过团队协作，学生不仅可以锻炼自己的沟通能力和组织协调能力，还能在相互学习和帮助中共同成长。

综上所述，远程实地考察与调研活动为学生提供了一次跨越时空的沉浸式学习之旅。通过实时互动、虚拟导览、自主调研和团队协作等多种方式，学生可以更加深入地了解沂蒙精神的历史背景与现实意义，同时也为他们的全面发展提供了宝贵的机会和平台。

(三) 数字化志愿服务平台

建立基于沂蒙精神的数字化志愿服务平台，发布与沂蒙地区相关的志愿服务项目信息。鼓励学生通过平台报名参与志愿服务活动，如线上支教、文化传承、乡村振兴等，将沂蒙精神的学习与实践紧密结合起来，培养学生的社会责任感和奉献精神。

在数字化时代，构建一个以沂蒙精神为核心的数字化志愿服务平台，不仅是传承与弘扬这一宝贵精神财富的创新举措，更是培养学生社会责任感与奉献精神的重要载体。该平台通过整合线上线下资源，搭建起一座连接青年学子与沂蒙大地、理论与实践、爱心与责任的桥梁。

1. 项目多元化，精准对接需求

数字化志愿服务平台致力于发布丰富多样的志愿服务项目，确保项目内容既符合沂蒙地区的实际需求，又能充分展现沂蒙精神的内涵。项目类型包括但不限于线上支教，利用互联网技术为偏远地区的孩子提供学习辅导；文化传承，通过数字化手段记录和传播沂蒙地区的非物质文化遗产；乡村振兴，组织学生参与农村电商培训、农产品推广等，助力乡村经济发展。平台通过精准对接供需双方，确保志愿服务活动既有的放矢，又能取得实效。

2. 报名流程便捷化，提升参与体验

为了鼓励学生积极参与志愿服务活动，平台设计了简洁明了的报名流程。学生只需在平台上注册账号，浏览项目信息，选择感兴趣的项目进行报名。平台支持在线填写报名表、提交相关材料，并实时反馈报名结果。同时，平台还提供志愿服务培训资源，帮助学生了解志愿服务的基本知识和技能，提升服务质量和效果。便捷的报名流程和丰富的培训资源，为学生参与志愿服务活动提供了有力支持。

3. 志愿服务过程可视化，强化监督与激励

数字化志愿服务平台还注重志愿服务过程的可视化展示。通过实时记录志愿

服务活动的进展情况、志愿者的工作表现以及受助对象的反馈意见等信息，平台能够生成详细的志愿服务报告。这些报告不仅为学生提供了自我反思和提升的机会，也为学校和社会各界提供了评估志愿服务效果的重要依据。此外，平台还设立了志愿服务积分制度和荣誉榜单，对表现突出的志愿者给予表彰和奖励，以激发更多学生的参与热情和奉献精神。

4. 搭建交流平台，促进共同成长

数字化志愿服务平台还注重搭建志愿者之间的交流平台。通过设立论坛、群组等功能模块，志愿者可以在平台上分享自己的志愿服务经历、心得体会以及遇到的困难和挑战。这种交流不仅有助于志愿者之间相互学习、相互支持，还能促进志愿服务经验的积累和传承。同时，平台还邀请沂蒙地区的专家学者、社会组织代表等参与交流讨论，为志愿服务活动提供专业指导和支持。

综上所述，数字化志愿服务平台作为弘扬沂蒙精神的新阵地与行动桥梁，在传承与弘扬沂蒙精神、培养学生社会责任感与奉献精神方面发挥着重要作用。通过项目多元化、报名流程便捷化、志愿服务过程可视化以及搭建交流平台等举措，平台将不断推动志愿服务活动的深入开展和广泛传播。

第五章　总结与展望

第一节　研究总结

一、信息化背景下大学生道德教育的重要性与紧迫性

（一）重要性

1. 顺应时代发展需求

随着大数据、云计算、人工智能等信息技术的飞速发展，信息化已经成为当今社会发展的主流趋势。大学生作为未来社会的建设者和接班人，其道德素质直接关系到社会的和谐稳定与长远发展。因此，加强大学生道德教育，是顺应时代发展需求的必然选择。

2. 促进大学生全面发展

信息化时代不仅要求大学生具备扎实的专业知识和技能，更要求他们具备良好的道德品质和人文素养。加强大学生道德教育，有助于引导大学生树立正确的世界观、人生观和价值观，促进其全面发展，成为德、智、体、美、劳全面发展的社会主义建设者和接班人。

3. 维护网络空间秩序

在信息化背景下，网络空间成为大学生学习、生活的重要场所。然而，网络空间的匿名性、开放性和自由性等特点，也容易导致一些道德失范行为的发生。加强大学生道德教育，有助于提升大学生的网络道德意识，规范其网络行为，维护网络空间的良好秩序。

4.传承和弘扬中华优秀传统文化

中华优秀传统文化是中华民族的瑰宝，蕴含着丰富的道德智慧和精神财富。加强大学生道德教育，有助于引导大学生深入学习和领悟中华优秀传统文化的精髓，传承和弘扬中华优秀传统文化中的道德观念和价值追求。

（二）紧迫性

1.应对信息化带来的挑战

在信息化时代，信息传播速度快、范围广、影响大，给大学生道德教育带来了前所未有的挑战。一方面，网络上的不良信息、虚假信息泛滥，容易误导大学生的道德判断和价值选择；另一方面，网络空间的匿名性和自由性也容易引发一些道德失范行为。因此，加强大学生道德教育，提高大学生的信息甄别能力和道德自律能力，成为当务之急。

2.解决大学生道德素质下滑问题

近年来，一些大学生在道德素质方面出现了下滑现象，如诚信缺失、责任感淡薄、价值观扭曲等。这些问题的存在不仅影响了大学生的个人成长和发展，也损害了社会的和谐稳定。加强大学生道德教育，是解决这些问题、提升大学生道德素质的重要途径。

3.培养高素质人才的需要

高素质人才是国家发展的核心竞争力。在信息化背景下，高素质人才不仅要具备扎实的专业知识和技能，还要具备良好的道德品质和人文素养。加强大学生道德教育，有助于培养更多具有高尚道德情操、强烈社会责任感和创新精神的高素质人才，为国家的发展提供有力的人才支撑。

二、信息化背景下大学生道德教育取得的成绩

（一）道德教育的理论研究得到加强

信息化时代的到来，促使学术界和教育界对大学生道德教育进行了更为深入的探讨。通过大量的理论研究和学术讨论，人们对大学生道德教育的重要性、内

涵和方法有了更深刻的认识。这些研究成果不仅提高了道德教育的科学性和有效性，还为道德教育的实践提供了坚实的理论支撑。

（二）道德教育课程体系日益完善

各高校根据信息化时代的特点和学生的实际需求，不断完善道德教育课程体系。这些课程不仅涵盖了道德伦理、法律法规、公民参与以及社会责任等方面的内容，还注重与信息化时代的特征相结合，引入了网络道德、信息安全等新的教育内容。课程设置的多样性和针对性，使得道德教育更加贴近学生的生活实际，提高了学生的道德意识和自律能力。

（三）实践环节得到一定程度强化

在信息化背景下，大学生道德教育的实践环节得到了空前的重视。各高校通过组织丰富多样的实践活动，如社区服务、志愿者活动、实习实训等，为学生提供了更多的实践机会。这些实践活动不仅锻炼了学生的实际操作能力，还培养了他们的社会责任感和团队合作精神。通过实践环节的强化，学生能够将道德理论知识转化为实际行动，提升了自己的道德素养。

（四）评价体系愈加科学

为了全面评估大学生的道德素养和发展情况，各高校建立了科学有效的道德教育评价体系。这一体系不仅关注学生在课堂上的表现，还注重学生的实践报告、社会反馈等多方面的评价。通过多种评价方式的综合运用，学校能够全面了解学生的道德素养和发展情况，为学生提供有针对性的教育帮助。这一评价体系的建立，不仅提高了道德教育的针对性和实效性，还促进了学生的全面发展。

（五）网络道德教育取得新进展

在信息化背景下，网络道德教育成为大学生道德教育的重要组成部分。各高校积极开展网络道德教育活动，引导学生树立正确的网络道德观念和行为规范。通过举办网络道德讲座、开展网络文明创建活动等方式，学校加强了对学生的网络道德教育引导。这些举措不仅提高了学生的网络道德认知能力，还促进了网络空间的和谐稳定。

三、信息化背景下大学生道德教育存在的主要问题与原因

（一）存在的主要问题

1. 网络道德失范行为频发

在信息化浪潮的推动下，网络已成为大学生学习、交流、娱乐不可或缺的一部分。然而，伴随着网络的普及与便利，一系列网络道德失范行为也频繁发生，严重侵蚀了网络空间的纯净与健康，对大学生的成长环境和社会形象构成了不容忽视的威胁。

网络用语不文明现象，是大学生在网络空间中道德失范的直接体现。部分大学生在匿名性的掩护下，忽视了基本的礼貌与尊重，肆意使用粗俗、侮辱性语言，不仅伤害了他人感情，也破坏了网络社区的和谐氛围。针对这一问题，高校应加强对学生的网络素养教育，引导学生树立正确的网络交流观念，倡导文明、理性、友善的网络用语。同时，网络平台也应加强监管，对违规言论进行及时清理和处罚，共同营造一个健康、积极的网络环境。

网络抄袭与侵权问题，是学术领域的一大顽疾。在信息化背景下，信息获取的便捷性使得抄袭行为更加容易实施，而大学生作为学术研究的生力军，其学术诚信状况直接关系到整个学术界的健康发展。因此，高校应加强对学生的学术诚信教育，明确告知抄袭与侵权的严重后果，引导学生树立正确的学术观念，尊重他人的劳动成果。同时，建立健全的学术监督机制，对学术不端行为进行严厉查处，以儆效尤。此外，还应加强对学生信息检索与整合能力的培养，帮助学生掌握正确的学术研究方法，从源头上减少抄袭行为的发生。

网络诈骗与欺诈行为，不仅损害了受害者的经济利益，也严重破坏了网络空间的信任基础。部分大学生由于社会经验不足、防范意识薄弱，容易成为网络诈骗的受害者或参与者。因此，高校应加强对学生的网络安全教育，普及网络诈骗的常见手法和防范措施，提高学生的自我保护能力。同时，加强与公安、网信等部门的合作，共同打击网络诈骗犯罪活动，为学生营造一个安全、可信的网络环境。此外，还应引导学生树立正确的金钱观和价值观，避免因贪图小利而陷入诈骗陷阱。

2. 道德判断力与自控力下降

信息化时代，大学生作为数字原住民，其生活和学习已深深嵌入网络世界中。然而，这种高度的数字化依赖也带来了新的问题，其中之一便是道德判断力与自控力的显著下降。这一现象不仅影响了大学生的个人成长，也对社会风气和未来发展构成了潜在威胁。

面对网络上纷繁复杂的信息洪流，大学生往往感到应接不暇。信息的海量性、即时性和碎片化特点，使得大学生在筛选和判断信息时面临巨大挑战。加之网络空间中充斥着各种价值观、观点和立场，大学生在缺乏足够社会经验和独立思考能力的情况下，容易受到不良信息的诱导和影响，导致道德判断力的弱化。此外，网络上的匿名性和隐蔽性也为不良信息的传播提供了温床，进一步加剧了道德判断力的下降。

自控力是大学生在面对诱惑和挑战时保持自我约束和自我管理的能力。然而，在信息化背景下，网络游戏、社交媒体等虚拟世界以其独特的魅力和即时的满足感吸引了大量大学生的关注。这些虚拟世界往往能够提供现实生活中难以获得的成就感和归属感，导致一些大学生沉迷于其中无法自拔。自控力的不足不仅使得大学生忽视了现实生活中的学习和人际交往，还可能导致身心健康问题、学业成绩下滑以及社交能力退化等严重后果。

3. 道德价值观混乱

信息化时代，互联网的普及和技术的飞速发展使得全球范围内的信息交流变得前所未有的便捷与频繁。这种交流不仅促进了文化的多样性和相互理解，也带来了各种价值观和文化观念的激烈碰撞与交融。对于正处于价值观形成关键时期的大学生而言，这种多元价值观的冲击无疑构成了巨大的挑战，导致部分学生在纷繁复杂的信息海洋中迷失方向，难以形成稳定、清晰、正确的道德价值观。

信息化时代，网络成为各种价值观展示和传播的重要平台。不同的文化、宗教、政治和社会背景孕育了多种多样的价值观体系，它们在网络上交织碰撞，形成了复杂的价值观图景。对于大学生而言，这种多元价值观的存在既是一种宝贵的资源，也是一种潜在的威胁。一方面，他们有机会接触到更多元、更丰富的思想观点，拓宽视野，促进思维的发展；另一方面，面对众多相互矛盾甚至对立的价值观，他们可能会感到迷茫和困惑，难以做出正确的判断和选择。

大学生在多元价值观冲击下出现的迷茫和困惑，其根源在于他们尚未形成稳定、成熟的道德价值体系。在成长过程中，他们面临着来自家庭、学校、社会等多方面的价值观输入和影响，这些价值观往往存在差异甚至冲突。同时，大学生的自我认知能力和批判性思维能力还在发展中，他们往往难以独立地分析和判断各种价值观的合理性和适用性。因此，在多元价值观的交织碰撞中，他们容易感到无所适从，难以形成稳定的道德价值观。

（二）原因分析

1. 新媒体环境的影响

一是不良信息的泛滥。新媒体平台上的信息种类繁多、质量参差不齐，其中不乏低俗、暴力、虚假等不良信息。这些信息的广泛传播对大学生产生了负面影响。

二是监管机制不健全。目前对于新媒体平台上的信息监管还存在诸多漏洞和不足之处，难以有效遏制不良信息的传播。

2. 大学生自身因素的影响

一是身心发育未成熟。大学生正处于身心发展的关键时期，心理承受能力和道德判断能力相对较弱，容易受到外界环境的影响。

二是网络道德自律意识淡薄。在现实生活中，大学生受到法律和道德规范的约束；但在网络空间中，由于身份的隐蔽性和监管的困难性，部分大学生的道德自律意识减弱。

3. 学校教育的不足

一是道德教育内容陈旧。部分高校在道德教育方面仍然沿用传统的教学内容和方法，未能及时更新和拓展以适应信息化时代的需求。

二是教育方法单一。目前高校道德教育多采用课堂讲授的方式，缺乏互动性和实践性，难以激发学生的学习兴趣和积极性。

三是教育队伍建设滞后。部分高校缺乏专业的道德教育师资队伍和有效的教育机制，导致道德教育效果不佳。

4.社会环境的复杂多变

一是市场经济的负面影响。市场经济的发展在一定程度上冲击了传统的道德观念和价值体系，使得部分大学生出现功利化、物质化的倾向。

二是网络舆论的误导。网络空间中的舆论环境复杂多变，部分不良言论和思潮容易误导大学生的道德判断和价值选择。

综上所述，信息化背景下大学生道德教育存在的问题及其原因是多方面的，需要社会各界共同努力加以解决。高校应加强道德教育内容的更新和拓展、创新教育方法和手段、加强教育队伍建设；同时政府和社会也应加强对新媒体平台的监管和治理力度以营造健康向上的网络环境。

第二节　信息化背景下大学生道德教育未来发展展望

在未来信息化背景下，大学生道德教育的发展前景充满了无限可能与挑战，对其未来发展的前景进行展望，主要显现出如下几个趋势。

一、深度融合信息技术，创新教育模式

随着信息技术的飞速发展，未来大学生道德教育将更加深入地融合现代科技手段，如人工智能、大数据、虚拟现实（VR）等。这些技术将为道德教育提供全新的教学平台和工具，使教育内容更加生动、直观，增强学生的学习体验和参与度。例如，通过VR技术模拟道德困境，让学生在虚拟环境中进行道德判断和选择，从而加深对道德原则的理解和应用。

二、个性化教育成为趋势

在信息化背景下，大数据技术的应用将使得教育者能够更准确地了解每位学生的道德认知水平和行为特点，从而实施更加个性化的道德教育方案。这种个性

化教育将根据学生的兴趣、需求和能力定制教学内容和方式，提高教育的针对性和有效性。同时，通过智能分析学生的学习数据，教育者可以及时发现并解决学生在道德发展中的问题，促进学生的全面发展。

三、强调网络道德教育的重要性

随着网络空间的日益扩大和复杂化，网络道德教育将成为未来大学生道德教育的重要组成部分。教育者将更加注重培养学生的网络道德意识和自律能力，引导他们树立正确的网络道德观念和行为规范。同时，学校将加强与网络平台的合作，共同营造健康、文明的网络环境，为学生的道德成长提供有力保障。

四、加强国际交流与合作

在全球化背景下，大学生道德教育的国际交流与合作将进一步加强。各国高校将共同探讨道德教育的新理念、新方法和新技术，分享成功的教育经验和案例。通过国际交流与合作，大学生将有机会接触不同文化背景下的道德观念和价值体系，拓宽国际视野，增强跨文化交流能力。这将有助于培养具有国际竞争力和社会责任感的高素质人才。

五、强调实践与社会责任

未来大学生道德教育将更加注重实践与社会责任的培养。学校将鼓励学生积极参与社会实践和志愿服务活动，通过实际行动践行道德原则和社会责任。同时，学校将加强与企业和社区的合作，为学生提供更多的实践机会和平台，让他们在实践中锻炼能力、增长见识、服务社会。这将有助于培养学生的社会责任感和公民意识，为他们未来的职业生涯和社会发展奠定坚实基础。

综上所述，未来信息化背景下的大学生道德教育将呈现出更加多元化、个性化、网络化和国际化的特点。通过不断创新教育模式、加强网络道德教育、加强国际交流与合作以及注重实践与社会责任的培养，大学生道德教育将不断适应时代发展的需要，为培养具有高尚道德情操和强烈社会责任感的高素质人才做出更大贡献。

参考文献

一、著作

[1] 宋阳 . 高校思政课教学方法与实践探索 [M]. 北京：新华出版社，2024.

[2] 郑永廷 . 思想政治教育方法论 [M]. 北京：高等教育出版社，2012.

[3] 陈万柏，张耀灿 . 思想政治教育学原理 [M]. 北京：高等教育出版社，2015.

[4] 李泽厚 . 中国古代思想史论 [M]. 北京：人民出版社，1985.

[5] 方熹 . 道德教育的哲学理路 [M]. 北京：中国社会科学出版社，2019.

[6] 张洪高 . 从仁爱到正义：中国道德教育核心价值转变研究 [M]. 济南：山东人民出版社，2011.

[7] 沈壮海 . 思想政治教育有效性研究 [M]. 武汉：武汉大学出版社，2016.

[8] 中共中央关于全面深化改革若干重大问题的决定 [M]. 北京：人民出版社，2013.

[9] 檀传宝 . 学校道德教育原理（修订版）[M]. 北京：教育科学出版社，2003.

[10][美] 约翰·杜威 . 道德教育原理 [M]. 王成绪，译 . 杭州：浙江教育出版社，2003.

二、期刊论文

[1] 胡元华，李欢欢 . 新高考视域下高中思政课 "一体两翼三化四融合" 教学模式研究 [J]. 高考，2024（3）.

[2] 袁博 . 网络环境下高校辅导员的工作方法探讨 [J]. 亚太教育，2016（8）.

[3] 王一宇．应用型本科院校大学生科研创新精神培养途径探析 [J].山东农业工程学院学报，2017（3）.

[4] 蔡兵，刘勇．学习邓小平理论培养 21 世纪新型人才 [J].西南民族学院学报（哲学社会科学版），2001（12）.

[5] 黄霞．基于 OBE 理念的"一体三维三翼"课堂教学模式改革与实践：以工商管理专业为例 [J].老字号品牌营销，2024（6）.

[6] 崔映斌，等．新媒体时代高校辅导员党建工作现状及对策研究 [J].新闻研究导刊，2024（4）.

[7] 黄振宣．试论高职思政教育与就业教育的结合途径 [J].职教论坛，2010(9).

[8] 刘明亮．大学生学术道德现状与教育对策 [J].国家教育行政学院学报，2012（9）.

[9] 杨松．大数据时代高校网络舆论导向机制研究 [J].黑龙江教育（高教研究与评估），2023（1）.

[10] 尚庆飞，赵长芬．在现代化建设中打造"新时代沂蒙精神" [J].临沂大学学报，2023（5）.

[11] 刘霞．对新形势下大学生道德教育的思考 [J].学校党建与思想教育，2019（01）.

[12] 翟志强．大学生道德教育的理性反思与模式构建 [J].学校党建与思想教育，2017（10）.

[13] 鲁宽民，李运．儒家思想文化对新时代大学生道德人格的影响论析 [J].理论导刊，2020（07）.

[14] 马卓燕．利用高校图书馆开展大学生思想道德素质教育的路径 [J].教育理论与实践，2014（21）.

[15] 盛波．大学生主体性道德教育的研究与探索 [J].教育与职业，2014（11）.

[16] 张红霞．论大学生志愿服务的育人功能及其实现路径 [J].思想理论教育导刊，2019（01）.

[17] 陶孝芳. 当代大学生道德观的现状分析与教育对策 [J]. 思想理论教育，2021（12）.

[18] 王娜. 传统文化融于大学生理想信念教育的价值与实现 [J]. 思想政治教育研究，2017（1）.

[19] 杨连元. 四月的怀念　永远的丰碑 [J]. 党建，2016（4）.

[20] 孙海英，王淑彩. 论沂蒙精神党性与人民性的统一 [J]. 临沂大学学报，2020（12）.

[21] 任丽婵. 教育信息化背景下高等教育高质量发展路径探索 [J]. 中国高校科技，2024（3）.

[22] 金石，等. 线上线下混合式教学的反思与策略优化 [J]. 中国大学教学，2022（11）.

[23] 欧青涛，等. 新时代大学生道德教育的困境以及化解路径研究 [J]. 理论观察，2023（3）.

[24] 王国学，等. 康德道德意识视域下高校大学生道德教育的提升路径 [J]. 江苏高教，2023（1）.

[25] 裴文庆，等. 以新时代道德观引领大学生道德教育的三重维度 [J]. 大学教育，2022（11）.

[26] 姜楠. 墨子道德教育思想对大学生道德教育的启示 [J]. 金华职业技术学院学报，2023（5）.

[27] 刘国帅，等. 新时代大学生网络道德失范问题及教育对策 [J]. 呼伦贝尔学院学报，2022（2）.

三、学位论文

[1] 石莹. 先秦儒家君子人格思想融入大学生道德教育研究 [D]. 成都：西南交通大学，2020.

[2] 杨丹. 儒家礼学思想在高校德育中的价值研究 [D]. 南昌：江西农业大学，

2016.

[3] 韩云忠 . 先秦儒家礼乐文化的德育价值研究 [D]. 济南：山东师范大学，2015.

[4] 熊苏婷 . 先秦儒家优秀德育思想融入大学生道德教育研究 [D]. 南昌：东华理工大学，2022.

[5] 唐艳婷 . 大学生道德能力培育路径研究 [D]. 昆明：云南大学，2020.

[6] 张瑜 . 中华优秀传统文化融入大学生思想道德教育研究 [D]. 武汉：武汉大学，2022.

[7] 颜莎莎 . 现代化视域下高校思想政治教育方法创新研究 [D]. 西安：西安理工大学，2020.

[8] 王莹 . 基于主题式教学法的初级汉语综合课《那儿的生活方便吗》线上教学设计 [D]. 安阳：安阳师范学院，2022.

[9] 李国庆 . 大学生网络道德失范及其教育引导研究 [D]. 哈尔滨：东北林业大学，2021.

[10] 彭琦 . 社会信息化背景下个人隐私保护的伦理审视 [D]. 衡阳：南华大学，2022.

[11] 张春雨 . 新时代高职院校大学生职业道德教育研究 [D]. 长春：吉林农业大学，2022.

[12] 尹晓炯 . 大学生道德教育与法治教育融合的有效路径研究 [D]. 新乡：河南师范大学，2022.

[13] 郑卓 . 新时代大学生网络道德教育研究 [D]. 长春：东北师范大学，2022.

[14] 李虹炼 . 微媒体背景下大学生网络道德现状及其提升策略研究 [D]. 南充：西华师范大学，2022.

[15] 吴彦蓉 . 新时代陕西高校网络道德教育研究 [D]. 西安 : 西安建筑科技大学，2022.

[16] 王丽亚 . 新时代大学生网络道德失范的对策研究 [D]. 西安 : 西安理工大学，

2023.

[17] 杨碧云 . 全媒体时代大学生网络道德教育研究 [D]. 西宁：青海大学，2023.

[18] 陈凤娟 . 新时代大学生网络道德教育研究 [D]. 漳州：闽南师范大学，2023.

[19] 农秘 . 当代大学生网络道德失范问题及教育对策研究 [D]. 长春：东北师范大学，2023.

[20] 韦奕 . 心理学视域下大学生网络道德培育路径研究 [D]. 南京：南京财经大学，2023.

四、网络文章

[1] 冯增田，李洪彦，王超鹏 . "沂蒙精神" 的提出、凝炼与理论升华 [EB/OL]. 沂蒙文化网 http://www.ymrw.net/news/?1169.html.

[2] 韩延明 . "沂蒙精神" 的 "定义" 探析 [EB/OL]. 沂蒙文化网 http://www.ymrw.net/news/?1170.html.

[3] 刘云龙 . "释" "道" 优秀思想融入大学生道德教育研究 : 以《坛经》《道德经》为例 [EB/OL]. 百度学术 https://xueshu.baidu.com/usercenter/paper/show？paperid=2bbf5e900802016b7f7025df943de809&site=xueshu_se.

[4] 蔡群英 . 当代大学生道德教育研究 [EB/OL]. 百度学术 https://xueshu.baidu.com/usercenter/paper/show？paperid=405b48a30c8fd7ad5c196042a3ad21cb&site=xueshu_se.

后　记

随着《教育信息化背景下的大学生道德教育研究》一书的即将付梓，心中不禁涌起诸多感慨。在撰写这本书的过程中，我们深刻感受到了教育信息化所带来的巨大变革和挑战。它不仅改变了知识的传播方式和学习模式，更对大学生的道德观念、行为选择产生了深远的影响。面对这些变化，我们教育工作者有责任也有使命去深入思考如何在新时代背景下加强和改进大学生道德教育，培养具有高尚道德情操和强烈社会责任感的新时代青年。

回顾整个研究与撰写过程，我们仿佛经历了一场跨越时空的探索之旅，既感受到了教育信息化浪潮的汹涌澎湃，也深刻体会到了大学生道德教育这一议题的厚重与深远。当这本书终于完成，并即将呈现给读者时，我们的内心充满了感慨与期待。这不仅是一本书的诞生，更是对教育信息化时代大学生道德教育深刻思考的一次总结与探索。

我们深入研究了教育信息化对道德教育产生的多维度影响，从技术的革新到教育理念的转变，从教学方法的丰富到教育环境的重塑，每一个细节都让我们深感震撼。我们见证了技术在推动教育进步中的巨大力量，也意识到了技术在道德教育领域可能带来的潜在风险。因此，如何在技术发展的浪潮中，坚守道德教育的底线，培养具有高尚品德的新时代大学生，成为我们思考的核心问题。

在本书的撰写过程中，我们得到了许多人的帮助和支持。感谢在学术上给予我们指导的专家学者们，他们的智慧与洞见让我们在研究的道路上少走了许多弯路。感谢我们的同事和朋友们，他们在我遇到困惑和难题时给予了宝贵的建议和帮助。感谢那些参与我们调查和访谈的大学生们，他们的真实反馈和宝贵意见为本书的研究提供了重要的数据支持。还要感谢出版社的编辑们，他们的辛勤工作与细致打磨，使得本书得以更加完善地呈现在读者面前。

同时，我们也深刻认识到，本书的研究仍有许多不足之处和待完善之处。教育信息化的发展日新月异，大学生道德教育的实践也在不断探索和创新中。因此，我衷心希望广大读者在阅读本书时能够提出宝贵的意见和建议，共同推动教育信息化背景下大学生道德教育研究的不断深入和发展。

最后，我们用一句话来结束这篇后记："教育乃国之大计、党之大计，大学生道德教育是其中的重要一环。愿我们共同努力，为培养更多德才兼备的新时代青年贡献自己的力量。"我们相信，在未来的日子里，随着教育信息化的不断深入和发展，大学生道德教育也将迎来更加美好的明天。

再次感谢所有为本书付出努力与贡献的人们，愿我们的努力能够为大学生的道德教育事业添砖加瓦，为社会的进步与发展贡献一份绵薄之力。

张慧杰　陈英文

2024 年 10 月 20 日于临沂大学